ダウン症のある子、赤ちゃんのころから「ことば」をはぐくむ

― 乳幼児期の子育てから ―

植田紀美子 編著

かもがわ出版

はじめに

　ダウン症のある子どものご家族から「ことば」のことで、悩みや疑問が多く寄せられます。子どもが誕生し、少し子育てに慣れ、合併症の治療の見通しがつき始めたころ、「ことば」の育ちに目を向けられることが多いように感じています。ダウン症のある子どもの子育ての中で、どのように「ことば」をはぐくんでいくことができるのか、この問いに対して少しでもヒントになればと願い本書を企画しました。養育者の方々のみならず、保育所等の保育士、幼稚園の教師、療育機関の専門家などにも参考にしていただけると思います。

　「ことば」がはぐくまれる過程は、よく木々の育ちにたとえられます。りんごの木は、土の中の小さな種がたくさんの水を吸い上げ、芽を出します。そして、枝を伸ばし、葉を茂らせ、太陽の光を浴びて、時間をかけて大きく成長します。さらに、花を咲かせ、実をつけていきます。話し「ことば」は、このりんごの実です。りんごの木に実がなるまで、周りの人とのたくさんの経験を通じて、伝えたい気持ちをたくわえ、その気持ちをさまざま

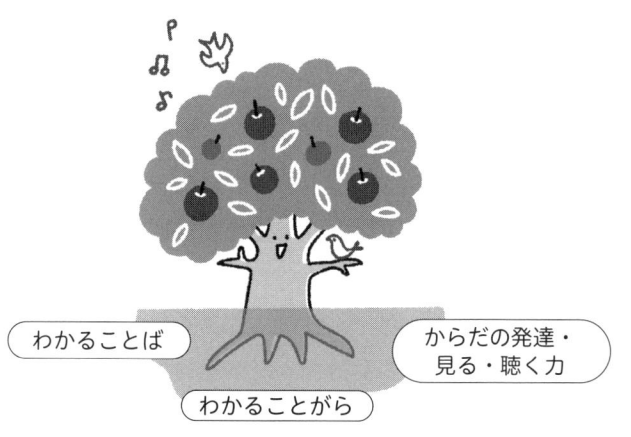

ことばの発達の土台

な方法で表現します。そして、人の動作や行動、多様な環境に気づき、わかることやわかる「ことば」を増やしていきます。そして、最終的に「ことば」を話します。本書では、この最後の話し「ことば」のことを、カギかっこをつけて「ことば」としました。そして、「ことば」を話すまでの、とても大切な過程を「ことば」の土台と表現しました。本書は、赤ちゃんのころから、子育ての中で、どのように「ことば」の土台をはぐくむことができるかということをメインテーマとしています。

　「ことば」を話すようになった過程は、誰も覚えていません。知らない間に周囲が話している「ことば」を話せるようになっていきます。「ことば」を使ったやり取りができるようになるまで、赤ちゃんは養育者らとの「ことば」以外のコミュニケーション、また、周りを見たり、聴いたり、触れたりしながら、いろいろな経験をしていきます。この何気ない生活が「ことば」の土台になります。この土台は、どの子どもにもあり、一人ひとり異なります。ダウン症のある子どもの多くが、「ことば」を使ったやり取りができようになるまで、少し時間がかかります。そのため、この土台づくりの期間が長くなり、途中でくじけそうになることもあると思います。子育ての際、本書が少しでも参考になればと願います。ゆっくりでも、着実に「ことば」ははぐくまれます。

　本書は、個人の経験というものではなく、科学的根拠のある記述につとめました。Part 1 では、ダウン症の合併症を小児期と成人期にわけて紹介し、どのように健康管理をしたらよいのかをまとめました。そして、ライフステージごとの社会資源を活用したくらしの現状を紹介しました。Part 2 から、ダウン症のある子どもの「ことば」の発達の特徴と照らし合わせながら「ことば」の育ちで大事なことをまとめました。もちろん、ダウン症と画一的に考えるのではなく、一人の子どもとして、まずは、その子の「ことば」の育ちを大事にすることはいうまでもありません。その前提で本書を参考にしていただければと思います。Part 3 は、事例やよく話題になる

生活上の困りごとについて、Q&Aをまとめました。最後に、文言の使い方としていくつかご理解いただきたいと思います。ダウン症のある子どもを主に育てている方、例えば、父、母、祖父母など、形態はさまざまです。本書では、まとめて「養育者」としています。ただし、事例では、実際の続柄を使用しています。子どものことを、内容によっては、生後28日未満を新生児、1歳未満を乳児、あるいは、1歳くらいまでの子どもを赤ちゃん、1歳から就学前の子どもを幼児と表現している箇所があります。

　子どもの「ことば」の育ちは一人ひとり異なります。どの子どもにも大きな可能性があります。子どもの身近にいる者がその可能性を一番に心から信じ、日々、過ごすことができれば素敵だなと思います。

　最後になりましたが、本書の出版にあたり、かもがわ出版の中井史絵さんには最後まで支えていただき、ありがとうございました。また、何よりも、診療等で出会わせていただき、かけがえのない時間とともに、学びをいただきました多くのダウン症のある方とそのご家族のみなさまに心から感謝申し上げます。

植田紀美子

もくじ

はじめに   3

Part1 ダウン症のある方の健康とくらし   9

Chapter1 ダウン症のある方の健康管理   10

1 ダウン症とは   10
2 小児期の健康管理   11
3 成人期の健康管理   19
4 ダウン症のある方の移行医療   27

Chapter2 ダウン症のある方のくらし   29

1 乳幼児期   31
2 学童期   32
3 成人期   34

Part2 ダウン症のある子どもの「ことば」をはぐくむ   41

Chapter3 「ことば」をはぐくむために知っておきたい大事なこと   42

1 「コミュニケーション」のスタートは生まれたときから   42
2 「ことば」の3つの役割   45
3 「ことば」の3つの意味   47

Chapter4 ダウン症のある子どもの「ことば」の発達   53

1 speech（発声・発語）と language（言語）の違い   53
2 「ことば」に影響する認知機能   56

Chapter5 「ことば」が育つ土台が大切　　　60

1　子どもにとっての安心の基地をつくる　　　60
2　特定の大人との愛着関係を築く　　　63
3　"聴く構え"をはぐくむ　　　69

Chapter6 「ことば」をはぐくむ毎日の子育て　　　72

1　「ことば」と生活リズム　　　72
2　「ことば」と食べること　　　76
3　「ことば」とからだ（運動）　　　85
4　「ことば」と遊び　　　88
5　「ことば」と集団　　　91

Chapter7 子育ての中の工夫　　　96

1　「ことば」と身ぶり・手ぶり・ジェスチャー　　　96
2　「ことば」と見通し　　　98
3　「ことば」とお手伝い　　　101
4　「ことば」と本の読み聴かせ　　　104

Part 3　お役だち情報　　　111

Chapter8 コミュニケーション能力を伸ばす取り組み事例　　　112

CASE 1　声に興味をもち、お母さんを認識していった A さん　　　114
CASE 2　「ことば」（音声言語）が芽生え始めた B さん　　　115
CASE 3　動作模倣が盛んになってきた C さん　　　116
CASE 4　重度の知的障害と自閉スペクトラム症のある D さん　　　118
CASE 5　よく話すが発音が不明瞭な E さん　　　120
CASE 6　字が書けるけれど、発音が不明瞭な F さん　　　121
CASE 7　話すことに自信がもてない G さん　　　123

▶ **子育てあるある事例の対処法** 128
　〜「ことば」の育ちから考える

　　、「ゆっくり」「はっきり」「短く」語りかけることが 128
　　初なのでしょうか

　　ぶり、手ぶりなどのジェスチャーを使っていたら 129
　「ことば」（音声言語）がおくれませんか

　　こちらからの問いかけに対する反応や応答が 130
　　弱いように感じます（1歳男の子）

Q4　声で要求するばかりで、指さしをしません（3歳の子） 130

Q5　なんでも「いや」といって応じてくれません（3歳女の子） 131

Q6　ゴンゴンと頭を床や壁に打ちつけます（4歳男の子） 132

Q7　聴きとれない「ことば」を聴き返してもよいのでしょうか 133
　　（4歳男の子）

Q8　できないのに、なんでも自分でしたがります（4歳女の子） 134

Q9　「ことば」が出てきたのですが、話そうとすると最初が詰まって 135
　　話しにくそうです（5歳男の子）

Q10　子どもと保育所での出来事を一緒に話したいのですが 136
　　（5歳女の子）

Chapter10　**「ことば」をはぐくむ社会資源** 137

1　児童発達支援センター・児童発達支援事業所 138

2　医療機関での言語聴覚療法 139

3　在宅への訪問による言語聴覚療法 139

4　保健センター・保健所 140

5　保育所・認定こども園・幼稚園 140

6　ダウン症のある子どもの家族の会 141

参考文献 38.109.142

Part 1

ダウン症のある方の
健康とくらし

Chapter 1

ダウン症のある方の健康管理

1　ダウン症とは

　ダウン症は、ダウン症候群（トリソミー21）が正式な名称です。特徴的な身体所見、精神運動発達遅滞、先天性心疾患、消化器疾患などが主な症状です。最も頻度の高い染色体異常症です。ダウン症は、出生後の身体所見で可能性を指摘されて、染色体検査をおこなうことで診断がつく場合が多いです。染色体検査は血液検査で実施されます。染色体検査はよく実施される臨床検査ですが、事前に詳細な検査の説明を受けて、意義を理解する必要があります。染色体検査の結果は経験のある医師や遺伝カウンセラーが、両親のそろった場面で伝えることが原則です。

　染色体は卵子由来の23本と精子由来の23本が受精して46本となりますが、染色体不分離により過剰な染色体が存在して24本の卵子か精子が受精すると、染色体数は47本となります。過剰な染色体が21番の場合がダウン症です。ダウン症全体の95％が標準型トリソミーです。一部は転座型21トリソミーで14番と21番などの染色体転座が原因です。転座型では親が転座保因者の場合があるので、親の染色体検査が必要な場合もあります。両親が正常核型で突然変異による転座型もあります。親が転座保因者の場合、次回妊娠でダウン症が再発する可能性が10％程度となります。標準型と転座型では合併症や重症度に差はありません。正常核型の細胞とトリソミー細胞が併存する場合はモザイク型です。モザイク型の場合は標準型に

比べると合併症が少なく、知的障害の程度が軽い傾向があります。

　ダウン症をはじめとする染色体異常症は小児診療科では頻度の高い疾患です。手術が必要な先天性心疾患や消化器疾患を合併した場合は外科系の診療科が関与し、手術などの外科治療などで完治する場合もありますが、成人期も継続的に医療が必要な場合もあります。適切な療育をすすめることが重要です。また、養育者のかかわりは発達を促す最も重要な要素です。

　ダウン症のある方の平均寿命は最近では60歳以上と考えられています。加齢に伴う合併症の情報も蓄積しています。本項では、小児期と成人期にわけてダウン症のある方の合併症と健康管理について述べ、最後に移行医療にふれます。

2 小児期の健康管理

　新生児期から乳児期初期は筋緊張が低く、哺乳力が弱いことが多いです。あまり泣かず、眠っている時間が多いように感じます。運動発達はゆっくりで、首のすわりは生後6か月以降になることが多いです。首がすわる前に寝返りができるようになることも多いです。おすわりは1歳以降、歩きはじめは2歳半くらいになる場合が多いですが、個人差があり、就学する頃になることもあります。

　知的発達、言語発達は、ゆっくりと伸びていきます。人それぞれに発達の幅があります。日常生活や人との関係などにおける子どもの発達の基準を数値で表す発達指数は、実際の生活年齢と発達年齢が同じである場合に100とすると、乳児期に約80で5歳までに約60になると報告されています。これは、能力の喪失を意味するのでなく、子ども全体との比較の値で、一人ひとりの子どもは、しっかりと伸びていることを理解することがとても大切です。また、知的発達の程度と社会性の程度は必ずしも一致せず、社

会への順応性が比較的保たれています。言語発達では、徐々に単語から二語文へと進歩し、日常会話がかなりできるようになる子どももいれば、有意語の獲得がむずかしい子どももいます。

　発育についてです。ダウン症のある子どもは低身長を認めます。最終身長は、男性は152cm程度、女性は142cm程度が平均です。低身長の子どもでは成長ホルモン分泌不全の検査を受けることが推奨されますが、ダウン症では低身長の基準は別に検討する必要があると考えられています。身体発育に不安がある場合は担当医師に相談しましょう。学童期以降は、肥満症を合併する子どもが増加します。幼児期から適切な食習慣を身につけ、継続することが重要です。また、運動習慣を身につける工夫も必要です。

　では、系統別に合併症と健康管理を紹介していきます（図表1-1）。

図表1-1）小児期の代表的合併症

カテゴリー	合併症
心臓・血管	心室中隔欠損症、心房中隔欠損症、動脈管開存症、心内膜床欠損症、ファロー四徴症、肺高血圧、もやもや病など
消化器	鎖肛、十二指腸閉鎖症（狭窄症）、食道閉鎖症（狭窄症）、ヒルシュスプルング病、便秘など
甲状腺・内分泌	甲状腺機能異常、肥満、糖尿病、高尿酸血症など
腎・泌尿器	腎尿路系先天異常、停留精巣、尿道下裂、排尿障害など
血液	一過性骨髄異常増殖症、白血病など
神経・精神	筋緊張低下、点頭てんかん、自閉スペクトラム症など
眼	白内障、斜視、遠視、乱視、鼻涙管閉塞、睫毛乱生（逆まつげ）弱視など
耳・鼻・のど	難聴、滲出性中耳炎、扁桃肥大、アデノイド肥大、睡眠時無呼吸症候群、軟口蓋閉鎖不全など
骨・関節	環軸椎不安定、扁平足、膝蓋骨脱臼（亜脱臼）、股関節脱臼（亜脱臼）、側弯、多指（趾）症、炎症性関節炎など
歯・口腔	う歯、歯周疾患、歯列不正、口唇口蓋裂など
皮膚	手掌足底皮膚角化亢進、皮膚乾燥症、脂漏性皮膚炎、毛嚢炎、円形脱毛症など

出典）Health supervision for children with Down syndrome.Bull,M.J.; Committee on Genetics. Pediatrics. 2022;149(5):e2022057010. を改変

1）心臓・血管

　約半数で先天性心疾患を合併します。最近は、お母さんのおなかにいる間に胎児心エコーで先天性心疾患を指摘され、生後、すみやかな対応ができるようになってきました。出生後にダウン症を疑った場合は、心エコー検査を受けることが推奨されます。心室中隔欠損症は自然閉鎖例も多いですが、心不全がある場合は早期に手術をおこないます。心内膜床欠損症はダウン症に特徴的です。乳児期から心不全症状がみられ、肺高血圧も出現しやすく、早期手術が必要となる場合が多いです。他に心房中隔欠損症、動脈管開存症やファロー四徴症などの合併がみられます。小児循環器科、心臓血管外科が対応します。学童期以降も服薬や在宅酸素療法の継続が必要な方、運動制限がある方もいます。

　もやもや病自体は少ない病気（10万人対3 〜 10.5人）ですが、ダウン症はその26倍の発症リスクがあります。発症のピークは、5歳前後と40歳代半ばです。小児の場合は、脱力発作（四肢麻痺、片麻痺、単麻痺）、意識障害、感覚障害、けいれん、頭痛などの大脳の虚血による神経症状が生じます。泣くことで虚血発作が誘発されることがあり、症状があればすぐに受診しましょう。

2）消化器

　10 〜 15％に消化管の先天異常を認めます。先天性食道閉鎖症では、胎児期に羊水過多を認めやすいです。十二指腸閉鎖症では、新生児期から嘔吐が多いです。ヒルシュスプルング病では、便秘や腸炎を繰り返します。ヒルシュスプルング病は生後すぐに診断されるとは限らず、乳幼児期に難治性便秘の精査からわかる場合もあります。鎖肛は、胎便の排泄異常が診断のきっかけとなります。食道狭窄症や十二指腸狭窄症では固形食を始める頃になって、吐き戻しや体重減少などの狭窄症状を認めるようになり診断される場合もあります。外科的対応が必要です。

便秘の合併が多いです。便秘薬の服用、浣腸などで治療をおこないます。幼児期以降、水分摂取が少ない場合が多いので、摂取を促す必要があります。特に夏季には注意しましょう。欧米で、合併しやすく治療対象とされるセリアック病は、小麦などに含まれるタンパク質であるグルテンに対する感受性が原因です。症状として悪臭の強い大量の軟便、発育不良、腹部膨隆などがみられます。しかし日本では少ないです。

3）甲状腺・内分泌

　甲状腺機能低下症の合併率が高いです。症状としては、活気がない、哺乳不良、成長障害、便秘、新生児黄疸が強い、臍ヘルニア、心拍が遅いなどですが、ダウン症の症状と似ているので、症状からはわかりにくいです。そのため、年に1回、甲状腺自己抗体を有している場合は半年に1回の、定期的な血液検査で甲状腺刺激ホルモンや甲状腺ホルモンの値を確認することが推奨されています。甲状腺機能低下症では、甲状腺ホルモン製剤の補充療法をおこないます。甲状腺機能亢進症では、落ち着きがない、汗をよくかく、頻拍、食欲が増加するが体重が減少するなどの症状があります。やはり、定期的な甲状腺機能検査が早期診断・治療に有効です。

　第2次性徴は、男児では、精巣容量の増大から始まり、陰茎増大、陰毛発生という順、女児では乳房発育、陰毛発生、初経という順にすすみます。この期間が、ダウン症のある子どもは、少し長いです。第2次性徴の始まりは、男児では子ども全体の平均と同じで、女児では、乳房発育は、少し遅く、初経年齢は同じあるいは少し早いです。肥満であると乳房発育、初経とも早まることが多いとされています。肥満予防は、身長の伸びの観点からも大切です。身長のスパートの開始年齢は1年ほど早く、かつ身長のスパート期間の最大発育速度（身長の伸び具合）は短いため、低い身長となります。男性は<ruby>妊孕性<rt>にんようせい</rt></ruby>が低下しています。思春期早発症が認められることがあり、甲状腺機能低下症との関連も指摘されています。治療が必要になることもあります。

思春期兆候を早く認めた場合は受診をしてください。

4）腎臓・泌尿器

　ダウン症のある子どもはダウン症でない子どもに比べ4.5倍腎尿路系先天異常があります。多い順に水腎症、尿道下裂、腎無形成、水尿管症、のう胞腎などです。腎機能障害は、血液検査でも悪くなってからでないと気づかないことが多いため、乳幼児期の腹部エコーでのスクリーニングが有効であると考えられています。停留精巣や尿道下裂などは、おむつ替えのときに精巣が触れないとか、外尿道口が亀頭部先端にないなどで気づかれることもあります。

　排尿障害の頻度も高いです。日本人の報告で、多い順に遺尿（尿失禁）、誘導による排尿の必要性、遅延性排尿、断続性排尿、少ない排尿回数（1日3回以下）などです。排尿パターンは特徴的で、通常の排尿パターンであるベル型よりも平坦型、分断型、スタッカート型が7割をしめ、そのうち、平坦型が6割です。だらだらとゆっくり長く排尿するパターンの子どもが多いです。リラックスしてゆっくりトイレに座り、出し切る感覚を身につけることが大切です。

5）血液

　ダウン症に特徴的な血液疾患として、一過性骨髄異常増殖症（TAM）が知られています。主に生後6週以内に発症する一過性の白血病類似疾患です。ほとんどが自然治癒しますが、白血病進展例もあり、治癒後も半年に1回の定期的検査が推奨されています。小児白血病の頻度は子ども全体の平均では1万に1人程度ですが、ダウン症ではその20倍程度になります。白血病にはいろいろな種類がありますが、急性巨核芽球性白血病はダウン症に特徴的な白血病です。治療法の進歩により、予後は顕著に改善しています。学童期以降も幼児期ほどではありませんが、白血病のリスクはあり

ます。倦怠感、あざの発生、歯茎の出血、発熱、寝汗、体重減少などが一般的な症状です。定期的な目視による末梢血液像検査が必要です。

6）神経

　てんかんの発症リスクが高い（数％）ですが、乳児期と成人期のふたつの発症のピークがあるといわれます。乳児期では、点頭てんかん（ウエスト症候群）に注意が必要です。

　目覚めたときや眠いときなどに突然、お辞儀をするように頭部を前方に傾けたり、手足をすくめる発作（点頭発作、スパスム）を繰り返します。この繰り返しをシリーズ形成と呼び、1日何回もシリーズがみられます。発作が出現する頃から、笑いが減る、不機嫌になる、視線が合いにくくなる、運動面の退行などに気づく場合があります。点頭てんかんでは、ヒプスアリスミアという特徴的な脳波が知られています。発作を疑って受診する場合は、動画を撮影しておいて、医師に提示することが有用です。

7）精神

　7 ～ 19％に自閉スペクトラム症が合併します。アイコンタクト、指さし、共同注意の遅れなど、対人関係のむずかしさ、常同行動（目的や意図がわからない繰り返しおこなわれる行動）などがみられる場合は自閉スペクトラム症の合併の可能性があります。ダウン症のある方の自閉スペクトラム症は、自閉スペクトラム症のみの方に比べて、社会性は比較的保たれる一方、強迫的・儀式的な行為が強いと報告されています。自閉スペクトラム症の合併がある場合は、それを考慮した療育をおこなうことで行動やコミュニケーションの向上が期待できます。知的障害の程度によっては、自閉スペクトラム症の症状と似ているため、発達の経過を見きわめる必要があります。

8）眼

　先天性眼振がしばしばみられます。乳児期早期から眼球が左右に細かく動くものです。年齢とともに軽減する場合が多く、治療を要することはまれです。先天性白内障は、早期の手術が必要になる場合があります。斜視、遠視・乱視など屈折異常の頻度（36 〜 80％）は高く、精査が必要です。眼鏡が必要な場合も多いです。徐々に眼鏡に慣れていくとよいでしょう。睫毛乱生（逆まつげ）、鼻涙管狭窄などでは目やにが多くなります。何かの異常があれば、担当医の指示にしたがった眼科受診が必要です。通常、学校や事業所等での視力検査を基本として、5歳までは1年に1回、12歳までは2年に1回の眼科受診、以降は、担当医の指示に従った期間で受診が推奨されています。

9）耳・鼻・のど

　軽度から中等度の難聴が多いです。感音性の難聴では、片側性や両側性の場合もあります。新生児聴覚スクリーニング後の、ABR検査で精査して指摘されることが多いです。補聴器が有用です。高度難聴の場合、人工内耳をつける場合もあります。滲出性中耳炎は高頻度（50 〜 70％）にあり、伝音難聴に注意が必要です。滲出性中耳炎は、発熱もなく、痛みもないため、気づかれにくく定期的な検査が重要です。鼓膜にチューブを留置して治療することもあります。

　扁桃肥大やアデノイド肥大がもとで睡眠時無呼吸をきたすことがあります。いびきが多い、横を向いて寝る、座って寝るなどでわかる場合があります。扁桃、アデノイド摘出術をおこないますが、多因子が関与していると改善しないこともあります。半年に1回の耳鼻咽喉科受診で、両側の耳鼻咽喉科検査が正常になれば、1年に1回の受診間隔が推奨されています。

10 ）骨・関節

　環軸椎不安定性が問題となります。1 〜 2 ％で発症します。歩行不安定になる、ふらつきやすい、手足がしびれる、頭部を常に傾ける、頸部を動かしにくい、などの症状を認める場合は要注意です。そのような症状があると、頸椎のレントゲン検査を受け、整形外科を受診する必要があります。マット運動、トランポリン、激しい格闘技、飛び込みなどを禁止します。本人や家族が環軸椎不安定性の症状をよく理解することが大事で、受診の際には、担当医は、その確認を少なくとも 2 年おきにするべきであるといわれています。他に扁平足、側弯、多指（趾）症、膝蓋骨脱臼（亜脱臼）、股関節脱臼（亜脱臼）、脊柱管狭窄症、大腿骨頭すべり症、炎症性関節炎などもみられることがあります。歩き方が違う、痛みがある、関節がはれる、動かなくなる、寝込むなどの訴えに注意してください。

11 ）歯・口腔

　う歯、歯周疾患、歯列不正などを認めます。歯科衛生が重要です。ダウン症の歯科矯正は保険適応になります。診察や処置に協力ができるようになるまで時間がかかる場合が多いので、幼児期からかかりつけ歯科医をもち、診察に慣れるためにも定期受診をおすすめします。先天性心疾患がある場合、歯科の処置後に感染性心内膜炎を発症するリスクがあり、抗菌剤の服用を考慮します。

12 ）皮膚

　皮膚が弱く、手掌足底皮膚角化亢進、皮膚乾燥症、脂漏性皮膚炎、毛嚢炎などが多いです。症状を繰り返す場合は、保湿剤や抗菌剤を含む軟膏を使用します。夏は、日焼けによるやけどを起こす場合があり、日焼け止めの使用が予防に有効です。円形脱毛症も多く（9 ％）、難治性の場合があります。

3 　成人期の健康管理

　ダウン症特有の合併症と、加齢によって出現する合併症の双方に留意する必要があります。ガイドラインに従って必要な検査、合併症の確認をおこない、各科に診療を依頼するような体制が望ましいです。米国グローバルダウン症財団では「成人期ダウン症診療ガイドライン」を作成し、日本でも、日本ダウン症学会により翻訳され情報公開されています。また、日本ダウン症学会が公表しているダウン症のある患者の移行医療支援ガイドでも、成人期以降の医療についてまとめています。

　生活習慣病の予防、早期診断、治療が特に成人期の課題です。肥満、糖尿病、脂質代謝異常症、高尿酸血症・痛風、甲状腺機能などに注意が必要です。検診では、一般的な検査に加えて、尿酸値測定、甲状腺機能検査もおこなうことが望ましいです。肥満に対しては、栄養指導が必要ですが、食事の楽しみと健康管理の両立が課題です。

　成人期には視力や聴力が低下することがあります。腰痛、股関節、膝関節の状態も注意が必要です。こうした症状の出現が活動性低下の理由となっている場合があります。本人が訴えるとは限らず、周囲の気づきが必要です。

　活動性が極度に低下し「うつ傾向」のような症状が出現する例があります。動作が緩慢になる、外出したがらない、会話が少なくなる、表情の変化が乏しくなる、以前できていたことができなくなる、などの症状です。生活環境や人間関係など微妙な変化が背景に存在することがありますが、すぐに原因がわかるとは限りません。甲状腺機能異常など内科的疾患、前述の視力や聴力、整形外科疾患などを鑑別する必要があります（図表1-2）。

　以下系統別に合併症と健康管理を紹介します。

図表1-2）成人期の代表的合併症

カテゴリー	合併症
心臓・血管	先天性心疾患、僧帽弁逸脱、大動脈弁逆流症、心臓伝導障害、脳卒中、もやもや病など
生活習慣病・消化器・甲状腺・内分泌	甲状腺機能異常、糖尿病、肥満、脂質代謝異常症、高尿酸血症、痛風、胃食道逆流症、便秘、早発閉経（女性）など
腎・泌尿器	腎機能障害、排尿障害、神経因性膀胱など
神経・精神	てんかん、社会性に関連する能力の退行様症状、アルツハイマー型認知症、脳アミロイドアンギオパシー、うつ病・抑うつ状態、自閉スペクトラム症、強迫性障害など
眼	白内障、斜視、遠視・乱視などの屈折異常、睫毛乱生（逆まつげ）、円錐角膜など
耳・鼻・のど	難聴、耳垢塞栓、滲出性中耳炎、真珠腫性中耳炎、睡眠時無呼吸症候群など
白血病・がん	白血病、精巣腫瘍など
骨・関節	環軸椎不安定性、変形性関節症、骨粗しょう症、扁平足、膝蓋骨脱臼（亜脱臼）、股関節脱臼（亜脱臼）、脊柱管狭窄症、大腿骨頭すべり症、側弯、炎症性関節炎など
歯・口腔	う蝕、歯周疾患、歯列不正、摂食嚥下機能障害など
皮膚	湿疹、ドライスキン、毛嚢炎、粉瘤など

出典）Tsou, A.Y et al. Medical Care of Adults With Down Syndrome: A Clinical Guideline. JAMA 2020;324(15):p.1543-1556. The Global Down Syndrome Foundation Medical Care. ／ Guidelines for Adults with Down Syndrome Workgroup　https://www.globaldownsyndrome.org/global-adult-guidelines/ ダウン症候群の移行医療に関するタスクフォース 日本ダウン症学会. ダウン症候群のある患者の移行医療支援ガイド 2021.4を改変

1）心臓・血管

　先天性心疾患の継続的な管理が必要な場合があります。一方、僧帽弁逸脱、大動脈弁逆流症など、後天的な心疾患が出現する場合があります。また、小児期に心疾患の精査を受けずにいる例では未治療の先天性心疾患が見つかる場合があります。心エコーや心電図などの検査を受け、先天性心疾患の専門医師の継続関与が必要か、総合病院などの循環器内科を受診す

るか判断します。脳卒中の発症は、ダウン症のない方に比べてリスクが高く、発症年齢が若い傾向があります。先天性心疾患のある方、もやもや病、閉塞性睡眠時無呼吸などがある方はリスクがあがります。

2）生活習慣病・消化器

　小学校高学年ころから体重増加、肥満になる方が増えます。学校卒業後は、運動量が低下することが課題となります。幼児期からの適切な食習慣の確立、栄養指導が必要です。また、咀しゃくが不十分な場合、過食になりやすいため、幼児期から適切に咀しゃく機能を確立していくことも重要です。肥満がすすむと運動不足がすすみ、悪循環となり、ますます脂質代謝異常症、糖尿病に注意が必要となります。脂肪肝を伴う例も多く、腹部エコー検査をおこなうことは大切です。

　便秘の方が多いです。適切な水分摂取、栄養指導、投薬治療が必要です。胃食道逆流症は、小児期でも多いですが、加齢とともに増え、肥満、前かがみの姿勢などとの関連が指摘されています。

3）高尿酸血症

　血液中の尿酸値が高いことが報告されています。8mg/dl以上の場合は高尿酸血症となります。投薬治療を検討する必要がでてきます。尿酸は、食物由来の外因性プリン体と、DNA（デオキシリボ核酸）、RNA（リボ核酸）等の遺伝子のもとになる核酸の分解でできた内因性プリン体が肝臓で代謝されてできます。一方、尿酸は酸化ストレスから細胞を保護する作用もあります。血中の高尿酸血症が持続すると、関節内に尿酸塩として蓄積し、痛風発作が生じます。痛風発作とは急性の関節炎で、四肢の関節などに激痛や発赤が生じます。足の親指の付け根の部分が特に多く、歩けないほど痛くなります。

　ダウン症の高尿酸血症は食生活の問題もありますが、腎機能の影響で尿

酸排泄閾値が下がることも関係します。早い場合は10歳代前半から8mg/dlをこえる方もいます。検査を受けていない場合、痛風発作があってはじめて高尿酸血症が判明する場合もあります。定期的な血液検査、尿酸の排泄を促すために、夏季は特に水分摂取を意識することが重要です。

4）甲状腺

　成人期にかけても甲状腺機能異常の合併が多いです。甲状腺機能低下症が多いですが、甲状腺機能亢進症（バセドウ病）の場合もあります。正確に自覚症状を述べることはむずかしい場合が多いですが、機能低下の場合は、なんとなく元気がない、食事量がかわらないのに体重が増えた、便秘が続く、脈が遅くなった、機能亢進の場合は、よく食べるのに体重が減った、いらいらしている、下痢が続く、手の震えがある、脈が早くなったなど、症状を知っていると周りも気づくことができます。成人になっても、年1回程度の甲状腺機能の定期検査や甲状腺触診などが診断に有用です。

5）腎臓・泌尿器

　腎尿路系先天異常があっても、成人にいたるまでわからないこともあります。そのため、潜在的な腎機能障害の合併が多いです。血液検査では、クレアチニン上昇、β2-ミクログロブリン、シスタチンC上昇を早期から認めます。腎機能を示す数値として広く使われるeGFR（推算糸球体濾過量）は、ダウン症のある方の場合、平均より低く、さらに加齢とともに低下する傾向があります。腎機能はかなり低下しないと症状としては確認されないので、定期的な検査が必要です。高尿酸血症の放置も腎機能に悪影響を与える可能性があり、治療が必要です。

　ダウン症では一日の排尿回数が少ない方が多いです。下部尿路機能障害があり、腹圧を十分かけられないために膀胱が十分収縮できず、残尿が生じることがあります。一方、尿失禁の方もいます。このような排尿障害は、

器質的、あるいは神経陰性膀胱など機能的な異常があると考えられています。生活の質に影響しますので、泌尿器科の受診が必要です。

6）神経

　乳児期には点頭てんかん（ウエスト症候群）の発症がときにみられますが、以降はてんかんの発症リスクは特に高くありません。しかし、成人期には強直間代発作を主としたてんかんを発症することがあります。てんかんを疑った場合は血液検査、頭部CT、MRIなどの画像検査や脳波検査をおこないます。発作型や脳波所見にあわせた抗てんかん薬による治療をおこないます。

7）精神

　成人後の知能指数は人それぞれで幅があります。精神年齢でいうと、3歳未満が約6％、5歳未満が約50％、6歳未満が85％、7歳以上が10％と報告されています。しかし、これは日常生活の能力や社会性の程度を反映するものではありません。成人の就労やくらしについては、Chapter 2 に示します。

　ダウン症では思春期頃以降に日常生活能力の急速な衰退をみせることがあります。退行様の症状です。1 ～ 2 年という比較的短期間に日常生活能力が変化します。動作緩慢、会話減少、より頑固になる、睡眠障害、引きこもりなど、認知症やうつ状態によく似ています。体重減少も特徴的です。日本小児遺伝学会が「ダウン症候群における社会性に関連する能力の退行様症状」と命名し、診断の手引きを公表しています。卒業、兄弟姉妹の結婚、家族・友人の死などの環境の変化が“きっかけ”としてあげられますが、因果関係は証明されていません。あくまできっかけで、同じ状況でも退行様症状にならないほうが多いです。考えられる“きっかけ”に対する環境調整が重要で、他は対症療法です。2 割が完全に回復し、7 割がある程度回復

するといわれています。知的障害がベースにあり、免疫調整異常やコリン作動系・セロトニン作動系の異常が関与する可能性がいわれています。環境変化などの"きっかけ"自体を理解することがむずかしく、極度の不安などを表現できないため、適応障害や行動変化という形で対応しているのではないかと考えられています。ただ、よく似た症状として、甲状腺機能低下症、高度視力異常、高度難聴、頸椎異常など器質的疾患が隠れている場合もあり、まずは、検査を受けることが重要です。

　記憶力、記銘力低下、自発性低下、失語、性格変化などがあらわれるアルツハイマー型認知症を高率に合併します。アルツハイマー型認知症は、一般的には高齢者の疾患です。早老症であるダウン症のある方では、40歳以降が機能的に高齢者ととらえられており、だいたい、40代で20%、50代では40%、60代では半数以上がアルツハイマー型認知症を合併しています。食欲低下、体重減少を伴う例もあります。40歳以上で高率に脳にアルツハイマー型認知症の変化、いわゆるアミロイド β と呼ばれる異常なたんぱく質の蓄積と神経原線維変化、過剰にリン酸化されたタウ蛋白の蓄積を認めるようになります。このアミロイド β の前駆体の APP 遺伝子は、21番染色体にあり、21番染色体のトリソミー効果で増えたアミロイド前駆体タンパク質（APP）が大脳に蓄積することによると考えられています。規則正しい生活、バランスのとれた食生活、安定した人間関係、余暇活動をもつことなどが重要です。また、40歳以上で年1回の認知機能検査をおこなうことがアルツハイマー型認知症の早期発見・治療に有効とされています。NTG-EDSDや日本語版 DSQ Ⅱ Dを用いることができます。

8）眼・耳・鼻

　小児期に指摘されている斜視、遠視・乱視などの屈折異常、睫毛乱生（逆まつげ）などは、引き続き、定期的な受診が必要です。成人になると加齢に伴う白内障が増えてきます。10代後半から白内障になる方もいます。テ

レビを横目で見たり、まぶしがったり、階段を怖がったり、日中の活動性が落ちるなどの変化が白内障のサインであることもあります。通常、学校や事業所等での視力検査を基本として、2 ～ 3年に１回の受診が推奨されています。

　小児期から滲出性中耳炎を繰り返す方は、特に定期的な検査が必要です。真珠腫性中耳炎に移行し、聴力に影響している方もいます。また、耳管が狭いことから耳垢がたまりやすく耳垢塞栓となった場合は、耳閉感があったり、聴力にも影響します。日中の活動性が落ちるなどの変化がこれらの耳鼻科疾患のサインであることもあります。症状がある場合は受診が必要です。通常、学校や事業所等での聴力検査を基本として、１年に１回の受診が推奨されています。

9）睡眠時無呼吸症候群

　顔面中央部の発育不良、鼻咽腔が狭い、筋緊張低下、肥満などの要因のため睡眠時無呼吸がみられることがあります。寝つきがわるい、いびきが大きい、息を止めることがある、体を起こすなど特異な姿勢で寝るなどの症状がある場合、睡眠時無呼吸症候群の可能性があります。夜間の低酸素症のため、多血傾向になっている場合があります。呼吸器内科を受診して、寝ている間にマスクをして気道に空気をおくる治療法であるCPAPないしBIPAPなどの適応について検討をおこなうことになります。治療に協力的でないと、装着が困難な場合もありますが、装着して症状が改善している方もいます。肥満に合併する場合は、減量により症状が改善する場合があります。

10）がん

　白血病の合併率は、一般よりも多くなります。定期的な血液検査で見つかる場合もありますが、「なんとなく元気がない」、「感染症を反復する、治

りが悪い」、「家でごろごろすることが増えた」、「どこかでぶつけたなどの心当たりがないのに頻繁に出血斑ができる」というような状態に周囲が気づく場合があります。以前は成人期の白血病の予後は不良でしたが、骨髄移植例もあり、治療成績は向上しています。

　白血病とは逆に、固形腫瘍（消化器系のがん、肺がん、子宮がん、乳がん、脳腫瘍など）は少ないです。21番染色体上にある*DSCR1*遺伝子の量的効果により腫瘍の増殖が抑制されていると考えらえています。例外的に精巣腫瘍の罹患率は高いです。陰嚢の腫脹がみられた場合は泌尿器科受診が必要です。

11）骨・関節

　環軸椎不安定性、扁平足、膝蓋骨脱臼（亜脱臼）、股関節脱臼（亜脱臼）、脊柱管狭窄症、大腿骨頭すべり症、炎症性関節炎などは、小児期から継続して注意が必要です。症状については、小児期の項（p.18）を参照してください。つまずいたり、転んで体を何かにぶつけたなど、ちょっとしたことで症状が出る場合もあります。そのため、これらの症状は、日中活動をおこなっている事業所等にも知ってもらうことが大切です。本人や家族がこれらの症状をよく理解することが大事で、受診の際には、担当医は、その確認を少なくとも2年おきにするべきであるといわれています。もちろん、症状があれば、すぐに受診が必要になります。

12）歯・口腔

　う歯、歯周疾患などを認め、歯科衛生は小児期に引き続き重要です。かかりつけ歯科医をもち、定期的に検査、歯科衛生を受けることがこれら疾患の予防、早期発見につながります。加齢とともに誤嚥しやすくなります。誤嚥性肺炎が死因となる場合があり、ゆっくり食べること、食べやすい大きさにするなどして、注意が必要です。

13）皮膚

　小児期と同様、手掌足底皮膚角化亢進、皮膚乾燥症、脂漏性皮膚炎、毛嚢炎などが多いです。自分でからだを洗うようになってくると、背部は洗いにくくなるため、脂漏性皮膚炎、毛嚢炎になりやすく、清潔を保つように注意する必要があります。

　以上、ダウン症のある成人の健康管理について述べてきました。大人になっても適切に健康管理をしていくためには、小児期から医療機関を継続して受診することが大切になってきます。例えば、小学校にあがり、合併症が落ち着き、長期にわたり医療機関を受診しないでいると、成人期に急に医療が必要になったときに、診療してくれる医療機関が見つからなかったり、見つかってもこれまでの背景がわからず困ってしまいます。また、ようやく見つかっても、本人が検査に慣れておらず、血液検査などの検査に拒否的で協力が得られない場合もあります。このような「空白の期間」をつくらずに、小児診療科から病歴や成育歴などの情報を成人診療科に提供し、成人診療科にも受診できるようにしていくことが重要です。次に、この移行医療についてふれます。

④　ダウン症のある方の移行医療

　ダウン症のある方が成人期になると特有の医学的問題が出現するため、小児診療科から成人診療科への適切な移行が必要となります。しかし、ダウン症の包括的医療をおこなう成人診療科は非常に少ないという現状があります。そのため、しばらくは、小児診療科と成人診療科を併診することが望ましいと考えられます。日本ダウン症学会が作成し、公表している「ダウン症候群のある患者の移行医療支援ガイド」では「主な合併症管理が落

ち着いた後、12 歳頃より移行支援を開始し、14 歳頃までに合併症に関する小児科での再評価をおこない、遅くとも 15 〜 16 歳頃までには移行ポリシーを共有し具体的な準備を進め、20 代のうちには成人診療科へ移行することが望ましい」と記載されています。

　しかし、全員が順調に移行できるわけではありません。先天性心疾患、先天性消化器疾患などの小児期の合併症の状態が不安定であると移行は急がなくともよいです。移行にあたっては過去の診療経過に加えて、予想される合併症の情報も必要です。小児診療科医療機関と成人診療科医療機関の普段からの連携関係の構築が重要です。

　移行医療については複数のパターンが考えられます。小児診療科でのみ診療を継続する場合もあれば、完全に成人診療科に移行する場合もあります。小児診療科と成人診療科が共同で診療する場合もあります。総合病院の小児診療科と小児病院でも異なる面があります。

　ダウン症のある方は多系統にわたる合併症があり、加齢とともに変化します。一般内科では受診時に特に問題がなければフォロー終了となる可能性が高い現状ですが、今後、長期的に経過観察し、各種合併症について俯瞰的に判断して専門診療科に紹介する、軸となるような医療機関が増えていくことを期待したいです。

Chapter 2

ダウン症のある方の
くらし

　ダウン症のある方の平均寿命は60歳近くになったといわれています。だれもが、その人らしく、いきいきと人生を過ごしていきたいと願うのはあたり前のことです。自分で決めて（自律）、自分でおこなう（自立）という毎日は、すぐにできるものではありません。ダウン症のある方の場合は、安心して成人期を迎えるために、乳幼児期からの継続的な包括的ケア、自律・自立を見据えた生活習慣・行動様式の獲得が重要であると考えられています。毎日の生活の中で、自分でできることを増やしていく、身辺自立をおこなっていく、また、自分に自信をもって生きていくこと、自分のあたり前の意志、欲求を人に伝える力をもって生きていくこと、こういったセルフエスティーム（自尊心）、セルフアドボカシー（自己権利擁護）といわれているものをしっかりと身につけて、伸ばしていくことです。日本ダウン症協会及び日本ダウン症学会が2022年7月に正会員に実施したアンケートによると、10代のダウン症のある方は、食事、衣類の着脱、入浴の日常生活は、おおむね自立していると報告されています。

　出生後まもなくは医学的管理が特に必要ですが、ダウン症のある方の多くは、すぐに発達支援・療育を受け、そして、就学後は、教育、就労、生活とさまざまな場面で、特性に応じて、必要な社会資源を利用して過ごしています。次に、ライフステージごとの社会資源を活用したくらしの現状を紹介します（図表2）。共生社会の実現がうたわれている現在、サービスは変化していきますので、最新の情報は市町村窓口やさまざまなホームページなどで確認してください。

図表2）ライフステージに応じた制度やサービス

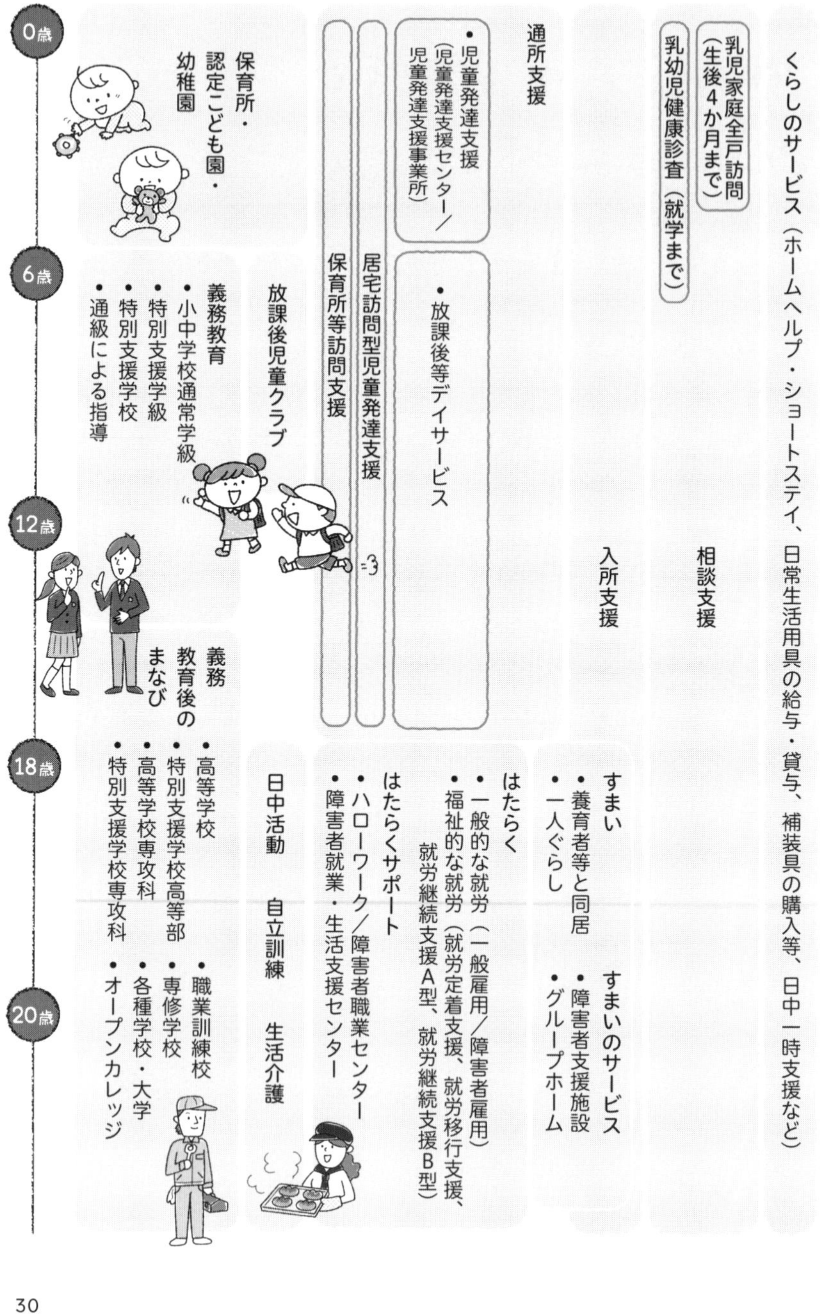

0歳

保育所・認定こども園・幼稚園

通所支援
・児童発達支援（児童発達支援センター/児童発達支援事業所）

乳幼児健康診査（就学まで）

乳児家庭全戸訪問（生後4か月まで）

くらしのサービス（ホームヘルプ・ショートステイ、日常生活用具の給与・貸与、補装具の購入等、日中一時支援など）

6歳

義務教育
・小中学校通常学級
・特別支援学級
・特別支援学校
・通級による指導

放課後児童クラブ

保育所等訪問支援
居宅訪問型児童発達支援
・放課後等デイサービス

12歳

義務教育後のまなび

相談支援

入所支援

18歳

・高等学校
・特別支援学校高等部
・高等学校専攻科
・特別支援学校専攻科

日中活動　自立訓練　生活介護

はたらく
・一般的な就労（一般雇用／障害者雇用）
・福祉的な就労（就労定着支援、就労移行支援、就労継続支援A型、就労継続支援B型）

はたらくサポート
・ハローワーク/障害者職業センター
・障害者就業・生活支援センター

すまい
・養育者等と同居
・一人ぐらし

すまいのサービス
・障害者支援施設
・グループホーム

20歳

・職業訓練校
・専修学校
・各種学校・大学
・オープンカレッジ

30

　乳幼児期（0歳〜就学前）

　最寄りの保健センターや保健所の保健師による相談を受けることができます。発育や離乳食などの子育て相談、通所支援施設を利用したほうがよいかなど、幅広い相談ができます。電話相談、家庭訪問があります。乳児家庭全戸訪問事業（こんにちは赤ちゃん事業）や乳幼児健康診査の際に相談することで、継続的な相談支援を受ける場合もあります。必要に応じて、他の施設と連携をとって対応しますので、養育者が自らさまざまな機関と調整することで、負担になったり、必要なサービス享受が遅れることを防ぐことができ、子育ての心強い味方です。

　子どもの健康状態に応じて、0歳から保育所・こども園を利用できます（Chapter10）。また、3歳からは幼稚園を利用できます。保育士や教師の追加配置が必要になることもあり、利用にあたっては市町村窓口に相談してください。また、発達に心配のある子どもが利用できる児童発達支援センターや児童発達支援事業所で専門的な発達支援を受けることができます（Chapter10）。児童発達支援センター等での専門的な発達支援を受けてから、保育所等の地域での集団保育に移行していく子どももいます。並行通園といって、保育所等と児童発達支援センター等の両方を利用し、徐々に移行していく子どももいます。保育所・こども園・幼稚園を利用する際、子どもの特性を踏まえた発達支援を受けることができるのか養育者が不安に思う場合には、児童発達支援センターや児童発達支援事業所の発達支援の専門家が、保育所等へ出向いて、子どもの発達の特性に応じた支援をおこなう保育所等訪問支援があります。保育士や教師自身も、支援方法等の指導を受けることができます。保育所等訪問支援は、就学後も18歳まで利用することができます。

　養育者が一時的に休息を必要とする場合や急用ができた場合などには、日中一時支援という制度があり、子どもを一時的に実施施設に預け、日中

活動を提供してもらうことができます。宿泊を伴うショートステイもあります。自宅で子どもの介助が必要なときにはホームヘルプサービスがあります。これらの制度は、64歳まで利用できます。利用にあたっては、市町村の窓口に相談してください。

2　学童期

1）学童期・教育（就学選択、小中学校、高校、大学）

　義務教育である小学校、中学校では、通常学級、特別支援学級、通級による指導、特別支援学校があります。特別支援学校は、高等部まであります。特別支援学校高等部には、専攻科を設けているところもあります。専攻科では、就労に特化して、ビジネスマナーや各種仕事の具体的な方法などを専ら教えているところもあります。義務教育は、中学校までです。そのため、支援学級や通級は中学校までででしたが、高校においても、特別教育の支援が必要な子どもたちの学びを広げようということで、2014年から高等学校においても特別支援教育をおこなえるような措置がはじまり、学校教育法施行規則の一部改正により、2018年から本格的に高等学校における通級指導が制度化されました。

　就学先をどこにするのかは、どの養育者も悩みます。どんな子どもに育ってほしいのか、そのためにはどんな学びをどこでしたいのか、養育者同士がよく考え、しっかり話し合うことがとても大切です。その際には、子どもの特性をよく知っている保育所・こども園・幼稚園や児童発達支援センター・児童発達支援事業所、主治医などの意見も参考になります。また、学校の見学や体験を重ねることで子どもにあう学校がどこか判断しやすくなります。就学決定についての文部科学省の基本的方針は、2013年の学校教育法施行令の一部を改正する政令で、「就学基準に該当する障害のある子

どもは特別支援学校に原則就学するという従来の就学先決定の仕組みを改め、障害の状態、本人の教育的ニーズ、本人・保護者の意見、教育学、医学、心理学等専門的見地からの意見、学校や地域の状況等を踏まえた総合的な観点から就学先を決定する仕組みとすることが適当である」としています。学校や地域の状況よりもまず、本人や養育者の意見が優先されるとされています。

　高校卒業後も、学びを継続したい場合、その機会は増えています。大学に入学して学びを続けているダウン症のある方、月に数回、オープンカレッジや大学の公開講座を利用する方もいます。いずれにせよ、本人の希望にそって、選択していきましょう。

2）学童期・放課後（小学校～高校）

　小学生のときは、放課後等に適切な遊びや生活の場を提供している放課後児童クラブを利用できます。いわゆる学童保育です。自治体が運営しているものや、民間企業や保護者会などに委託したものがあり、小学校内の空き教室を利用したり、児童館など、学校外の場所を利用したりと地域によって運営は異なります。最近では、ダウン症のある子どもなど、配慮が必要な子どもの受け入れが推進されています。個別の対応や職員の追加配置があります。

　発達に心配のある子どもが専門的な発達支援を受けることができる児童発達支援センター、児童発達支援事業所は、就学前の子どもを対象としています。就学後は、同様な場所として放課後等デイサービスがあります。学校や家庭とは異なる時間、空間、人、体験などを通じて、個々の子どもの状況に応じた発達支援をおこなうことにより、子どもの最善の利益の保障と健全な育成を図ることが基本的役割とされています。放課後も安心して子ども同士が学びあい、育ちあうことは、子どもの成長にとって大切です。ダウン症のある子どもにとっては、放課後等デイサービスはそのような場

の1つです。地域には多くの放課後等デイサービスがあります。子どもに
あった場所を見つけることが大切です。市町村窓口やホームページ等で情
報を集め、直接、事業所に連絡して見学や体験をおこなうことができます。

3 成人期

1）成人期・就労

　卒業後、ダウン症のある方の多くははたらくことを選択しています。前
述の日本ダウン症協会及び日本ダウン症学会が2022年7月に正会員に実施
したアンケートによると、ダウン症のある成人の方は、63.2％がはたらい
ています。はたらき方として、一般的な就労と福祉的な就労があります。
　一般的な就労では、一般雇用か障害者雇用があります。前述の調査では、
9.5％が一般的な就労をしています。障害者雇用では、法律上は、障害とな
る事柄に対する配慮を雇用者側に求めることができます。また、雇用者側
は合理的配慮が義務化されています。さらに、障害者差別解消法により就
労上、障害を理由とする差別を禁止しています。このように一般的な就労
において、以前に比べて、障害のある方がはたらく環境が改善されてきて
います。職業評価や職業準備の支援をおこなってくれるハローワークや地
域障害者職業センターのサポートが受けられます。さらに、障害者就業・
生活支援センターでは、就労と生活と一体的な支援を受けることができま
す。
　福祉的な就労では、障害者総合支援法のサービスを受けながらはたらき
ます。就労定着支援、就労移行支援、就労継続支援Ａ型、就労継続支援Ｂ
型があります。就労定着支援は、一般的な就労に移行した方が就労に伴う
生活面の課題に対応し、就労が定着できるように支援する、就労移行支援
事業所がおこなう福祉サービスで、最長3年利用できます。障害特性を理

解した職場に適応するための支援（8か月の利用期間）をおこなうジョブコーチとは、内容や期間が異なります。就労移行支援は、一般的な就労をめざして、就労に必要な知識や能力の向上のために訓練をおこなう福祉サービスで、原則2年間の利用期間です。就労継続支援は、一般的な就労が難しい人のために就労の機会を提供し、能力等の向上のための訓練をおこなう福祉サービスで、中でも就労継続支援B型につくダウン症のある方が多く、全体の50.5％です。就労継続支援A型は、65歳未満が対象で雇用契約を結び、最低賃金が保証されます。B型は雇用契約ではなく、事業所等との利用契約になり、工賃が発生します。福祉的な就労の作業内容はさまざまです。カフェでの接客、商品の袋づめ、弁当づくり、パンや菓子づくり、掃除、軽作業、農作業、パソコンなどの事務作業など、事業所によってさまざまです。本人の特性を考慮しながら、本人のできること、やりたいことを優先して事業所を決めていきます。

2）成人期・くらし

　前述の日本ダウン症協会及び日本ダウン症学会が2022年7月に正会員に実施したアンケートによると、ダウン症のある成人の方の29.9％が生活介護を利用しています。アート、ダンス、音楽などの創作活動、軽作業、農作業などの生産活動など、本人のペースで日中活動をおこないます。介護を必要とする場合は、食事や入浴などの日常生活上の支援があります。生活介護事業所を選択する際には、福祉的な就労の場合と同様、本人のやりたいことを優先して決めていきます。

　自立訓練（生活訓練）という福祉サービスを利用する方もいます。自立した生活を送ることができるように、日常生活で必要なさまざまな能力の維持や向上のための訓練をおこなうことを目的とした福祉サービスです。学校を卒業したあと、就労を選択するまで、もう少し、生活能力を向上したい場合に利用することもあります。最近では、高校卒業後の専門学校や

カレッジのように、継続した学びの場としてサービスを提供する自立訓練事業所も増えています。原則 2 年間の利用になっています。

　以上のような福祉サービスの利用以外に、それぞれ趣味をもち余暇活動をおこなっています。人それぞれで数え切れませんが、水泳、ダンス、レスリング、マラソン、トライアスロン、空手、柔道、サッカー、バスケットボール、アーチェリー、ヨガ、馬術などのさまざまなスポーツ、絵画、書道、陶芸、手芸、観劇、音楽鑑賞などの芸術、人生を豊かにする趣味との出会いは素敵です。

　ダウン症のある方の成人後のすまいは、さまざまです。家族と過ごす方、障害者支援施設やグループホームで過ごす方、一人ぐらしをする方、それぞれです。いずれにせよ、乳幼児期のところで紹介した日中一時支援、ショートステイ、ホームヘルプサービス、また、外出の際には、ヘルパーを利用しながら、くらしていくことができます。

　このように、さまざまなサービスが充実しています。一方、どうやって活用したらよいのか、本人に合ったサービスは何か、判断に迷う場合もあります。申請主義なので、知って、そして、申請しないと利用できません。日ごろから相談支援事業所と相談支援の利用契約をすることで、継続的に相談に応じてくれ、関係機関との連携調整を本人に代わっておこなったりします。相談支援をまだ利用していなくとも、障害者基幹相談支援センターを利用することで、くらし全般の相談に応じ、本人に見合ったサービスの提案や支援を受けることができます。まずは、どんなサービスがあるかをたずねにいき、知ることから始めてもよいです。

3）くらしとお金

　ダウン症のある子どもを育てていくための経済的支援があります。医療費の助成は、自立支援医療（18 歳未満は育成医療、18 歳以上は更生医療）、医療福祉制度（18 歳未満）、小児慢性特定疾病医療費助成（18 歳未満）、障

害者医療などがあります。手当では、特別児童扶養手当（20歳未満）、障害児福祉手当（20歳未満）、特別障害者手当（20歳以上）、障害基礎年金などがあります。地域生活に必要な支援制度として、座位保持いす、インソールなどの補装具の購入・借受け・修理費の給付、頭部保護帽、住宅改修などの日常生活用具の給付・貸与があります。生涯にわたった生活費の確保のため、障害基礎年金とは別に、養育者が掛け金を払い、養育者が亡くなるまたは重度障害になったときに年金を支払う公的な制度である扶養共済制度を利用している方、養育者の財産をダウン症のある子どもが受益者として信託する特定贈与信託を利用している方もいます。また、財産管理のため成年後見制度を利用している方もいます。療育手帳や身体障害者手帳を取得した場合、所得税や住民税、自動車税の減免や公共交通機関、NHK受信料や高速道路の割引、各種施設利用の割引などがあります。

　自治体独自の医療費助成や手当などを設けているところもあります。申請を要し、また、障害の程度や所得により使用できる制度も異なります。詳しくは、市町村の窓口に問い合わせてください。

参考文献

Chapter 1

- 位田忍、植田麻実、江口奈美、他.「大阪版移行期医療・自律自立支援マニュアル」大阪府移行期医療支援センター、2021.
- 植田紀美子、惠谷ゆり、井上雅美、他「Down症候群をもつ乳児とその家族に対する集団外来の取り組み」日本小児科学会雑誌、2017;121(11):p.1872-1878.
- 加治正行、黒川啓二「ダウン症候群患児の二次性徴発来に関する検討」小児保健研究、2000;59(2):p312.
- 竹内千仙、井手友美、植田紀美子、他.日本ダウン症学会ダウン療成人診療ガイドライン翻訳プロジェクト「成人期ダウン症診療ガイドライン日本語版」米国グローバルダウン症財団／日本ダウン症学会、2022.
- 竹内千仙、玉井浩、植田紀美子、他.ダウン症候群の移行医療に関するタスクフォース「ダウン症候群のある患者の移行医療支援ガイド」日本ダウン症学会、2021.
- デニス・マクガイア、ブライアン・チコイン『ダウン症のある成人に役立つメンタルヘルス・ハンドブック』長谷川知子監訳、清澤紀子訳、遠見書房、2013.
- 日本小児遺伝学会「『ダウン症候群における社会性に関連する能力の退行様症状』の診断の手引き」日本小児遺伝学会、2010. https://plaza.umin.ac.jp/p-genet/downloads/Down_synd_guideline.pdf
- 長谷川知子「小児期から成人期への臨床経過とその経年的なマネージメント—ダウン症候群」日本臨床、2010;68:p.69-75.
- Amr, N. H. Thyroid disorders in subjects with Down syndrome: an update. Acta Biomed. 2018; 89(1):p.132-139.
- Bayen, E.; Possin, K.L.; Chen, Y. et al. Prevalence of aging, dementia, and multimorbidity in older adults with Down syndrome. JAMA Neurol. 2018;75(11):p.1399-1406.
- Bittles, A. H.; Bower, C.; Hussain, R. et al. The four ages of Down syndrome. Eur J Public Health. 2007;17(2):p.221-225.
- Bull, M. J.; Trotter, T.; Santoro, S. L. et al.; Council on Genetics. Health supervision for children and adolescents with Down syndrome. Pediatrics. 2022;149(5):e2022057010
- Capone, G. T.; Chicoine, B.; Bulova, P. et al. Co-occurring medical conditions in adults with Down syndrome: A systematic review toward the development of health care guidelines. Am J Med Genet A. 2018;176(1):p.116-133.
- Capone, G.; Stephens, M.; Santoro, S. et al. Co-occurring medical conditions in adults with Down syndrome: a systematic review toward the development of health care guidelines. Part II. Am J Med Genet A. 2020;182(7):p.1832-1845.
- DiGuiseppi, C.; Hepburn, S.; Davis, J. M. et al. Screening for autism spectrum disorders in children with Down syndrome: population prevalence and screening test characteristics. J Dev Behav Pediatr. 2010;31(3):p.181-191.
- Dykens, E. M. Psychiatric and behavioral disorders in persons with Down syndrome. Ment Retard Dev Disabil Res Rev. 2007;13(3):p.272-278.
- Erdoğan, F.; Güven, A. Is there a secular trend regarding puberty in children with down

syndrome? Front Endocrinol (Lausanne). 2022;13:1001985.

- Hart, L. C.; Crawford, M.; Crawford, P. et al. Practical steps to help transition pediatric patients to adult care. Pediatric. 2019;144(6):e20190373
- Ivan, D. L.; Cromwell, P. Clinical practice guidelines for management of children with Down syndrome: part II. J Pediatr Health Care. 2014;28(3):p.280-284.
- Jensen, K. M.; Davis, M. M. Health care in adults with Down syndrome: a longitudinal cohort study. J Intellect Disabil Res. 2013; 57(10):p.947-958.
- Kimura, J.; Tachibana, K.; Imaizumi, K. et al. Longitudinal growth and height velocity of Japanese children with Down's syndrome. Acta Paediatr. 2003;92(9):p.1039-1042.
- Kitamura, A.; Kondoh, T.; Noguchi, M. et al. Assessment of lower urinary tract function in children with Down syndrome. Pediatrics Int. 2014;56(6):p.902-908.
- Korlimarla, A.; Hart, S. J.; Spiridigliozzi, G. A.; Kishnani, P. S. "Down Syndrome". Cassidy and Allanson's Management of Genetic Syndromes. Carey, J. C.; Cassidy, S. B.; Battaglia, A.; Viskochil, D., ed. Wiley-Blackwell, 2020, p.355-388.
- Kupferman, J. C.; Druschel, C. M.; Kupchik, G. S. Increased prevalence of renal and urinary tract anomalies in children with Down syndrome. Pediatrics. 2009;124:e615-621.
- Lautarescu, B. A.; Holland, A. J.; Zaman,S. H. The early presentation of dementia in people with Down syndrome: a systematic review of longitudinal studies. Neuropsychol Rev. 2017;27(1):p.31-45.
- Mircher, C.; Cieuta-Walti, C.; Marey, I. et al. Acute regression in young people with Down syndrome. Brain Sci. 2017;7(6):57.
- Motegi, N.; Morisaki, N.; Suto, M. et al. Secular trends in longevity among people with Down syndrome in Japan, 1995-2016. Pediatr Int. 2021;63(1):p.94-101.
- Newton, R.W.; Marder, L.; Puri, S.C. Down Syndrome: Current Perspectives. Mac Keith Press, London, 2015.
- Nugent, J.; Gorman, G.; Erdie-Lalena, C. R. Disparities in access to healthcare transition services for adolescents with Down syndrome. J Pediatr. 2018;197:p.214-220
- Presson, A. P.; Partyka, G.; Jensen, K. M. et al. Current estimate of Down Syndrome population prevalence in the United States. J Pediatr. 2013;163(4):p.1163-1168.
- Richards, C.; Jones, C.; Groves, L. et al. Prevalence of autism spectrum disorder phenomenology in genetic disorders: a systematic review and meta-analysis. Lancet Psychiatry. 2015; 2(10):p.909-916.
- Roizen, N. J.; Patterson, D. Down's syndrome. Lancet. 2003; 361(9365):p.1281-1289.
- Rosso, M.; Fremion, E.; Santoro, S. L. et al. Down syndrome disintegrative disorder: a clinical regression syndrome of increasing importance. Pediatrics. 2020. 145(6);e20192939.
- Silverman, W.; Krinsky-McHale, S. J; Lai, F. et al. Evaluation of the national task group-early detection screen for dementia: sensitivity to 'mild cognitive impairment' in adults with Down syndrome. J Appl Res Intellect Disabil. 2021;34(3):p.905-915.
- Tsou, A. Y.; Bulova, P.; Capone, G. et al.; Global Down Syndrome Foundation Medical

Care Guidelines for Adults with Down Syndrome Workgroup. Medical care of adults with Down Syndrome: a clinical guideline. JAMA. 2020;324(15):p.1543-1556.

- Walpert, M.; Zaman, S.; Holland, A. A systematic review of unexplained early regression in adolescents and adults with Down syndrome. Brain Sci. 2021;11(9):1197.
- Warner, G.; Howlin, P.; Salomone, E. et al. Profiles of children with Down syndrome who meet screening criteria for autism spectrum disorder (ASD): a comparison with children diagnosed with ASD attending specialist schools. J Intellect Disabil Res. 2017;61(1):p.75-82.

Chapter 2

- 一般社団法人全国児童発達支援協議会「保育所等訪問支援の効果的な実施を図るための手引書」厚生労働省平成28年度障害者総合福祉推進事業、2017.
- 学校教育法施行規則第百四十条の規定による特別の教育課程について定める件の一部を改正する告示について（平成三十一年文部科学省告示第十六号）. https://www.mext.go.jp/a_menu/shotou/tokubetu/__icsFiles/afieldfile/2019/02/04/1413303_1.pdf
- 厚生労働省「児童発達支援ガイドライン」2017.
- 厚生労働省「放課後等デイサービスガイドライン」2015.
- 社会福祉法人全国社会福祉協議会「障害福祉サービスの利用について」2021.
- 玉井邦夫、玉井浩、北畠康司、他.『ダウン症のある方たちの生活実態と、ともに生きる親の主観的幸福度に関する調査報告書』公益財団法人日本ダウン症協会／日本ダウン症学会、2023.
- 特定非営利活動法人アスペ・エルデの会「巡回相談支援活用マニュアル」2018.
- 長谷川知子『ダウン症神話から自由になれば子育てをもっと楽しめる』遠見書房、2021.
- 藤原由親『障がいのある子の「親なきあと」対策』日本法令、2022.

Part 2

ダウン症のある
子どもの「ことば」を
はぐくむ

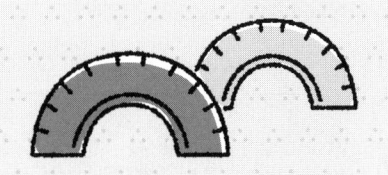

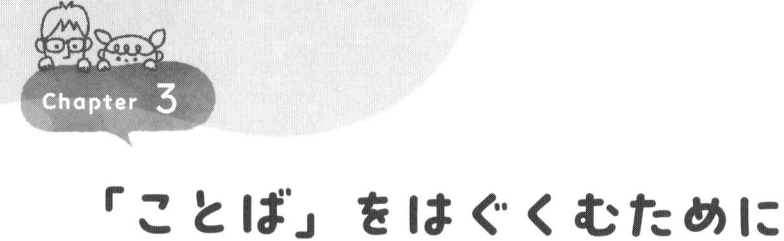

Chapter 3

「ことば」をはぐくむために
知っておきたい大事なこと

1　「コミュニケーション」のスタートは生まれたときから

　子どもとのコミュニケーションはいつから始まっているでしょうか？意味のある「ことば」を話すようになったときからかな、ことばのキャッチボールができたときからかな、というふうに考える方が多いかもしれません。子どもとのコミュニケーションは、生まれたときからすでに始まっています。

　おなかすいた！ おむつがぬれて気持ち悪い！ と「オギャー」と泣きます。泣くことは私たちの最初の大事なコミュニケーション手段です。乳児期の子どもは、おなかすいた、おむつがぬれて気持ち悪いことを、ただただ泣いて表現していたのが、"泣く"ことでミルクを飲むことができたり、おむつを取り替えてもらえたりすることがわかってくるようになり、期待して"泣く"ようになります。赤ちゃんが泣くと、「どうしたの？」と抱き上げあやす、ミルクをあげる、おむつを替えるということをします。そのとき、「おなか減ったの？」「おむつがぬれていて気づいてほしかったのね」と、かたりかけながらミルクをあげたり、おむつを替えたりしているのではないでしょうか。

　また、赤ちゃんが心地よいときにはほほ笑みます。生まれたばかりは、反射神経が働いて笑顔のような表情（生理的微笑といいます）をします。

この時期（生後1か月くらいまで）を過ぎると、より安心できる環境でいると、自分の意志でほほ笑むようになります。ことさら心地よいときにほほ笑みます。これは、「社会的微笑」といいます。ダウン症のある赤ちゃんは、だいたい2か月から4か月くらいにそのようなほほ笑みをするようになります。さらに、赤ちゃんが落ち着いていて、とても機嫌のよいときに「アー」、「ウー」と声を出すことをします。クーイングといいます。明らかに、泣き声とは異なります。くつろいだ感じのゆったりとした声です。母音を使った発声といわれていて、喃語（なんご）とも異なります。このような笑みや声に養育者は嬉しくなります。そして、うれしいね、おなかいっぱいになったね、気持ちいいねなど、自然に声をかけているのではないでしょうか。たまには、今日あったことを話して聞いてもらっていることもあるのではないでしょうか。そして、たくさん声をかけていると、それに応じるように赤ちゃんは「アー」、「ウー」と繰り返し、やり取りをするようになってきます。つまり、ずっと「アー」、「ウー」と言っているわけでなく、「どうしたの？」、「うれしいね」などと声をかけると、自分の出した声への反応を確かめるように「アー」、「ウー」をいったんとめるようになってきます。そして、反応を確かめ安心すると、また「アー」、「ウー」と声を出して、やり取りを楽しむのです。

　では、赤ちゃんの「アー」、「ウー」にまったく反応しないとどのようになるでしょうか。赤ちゃんはずっと声を出し続けるという報告があります。たいてい、「ごめんごめん、ちょっと手が離せなかったの。どうしたの？」などと、あわてて赤ちゃんに声をかけることになります。万が一、ずっと赤ちゃんの声に反応しなかったらどうでしょう。赤ちゃんはやり取りをする楽しさを知らないまま、それ以前にやり取りすること自体の経験が乏しくなってくるのは自明です。

　このように、泣く、ほほ笑み、声も大切なコミュニケーション手段です。赤ちゃんは、すでに生まれたときから周りとの間でコミュニケーションを

とろうとしています。つまり、コミュニケーションは「ことば」のみでは
ありません。表情、発声、身ぶり、手ぶり、サイン、指さし、スキンシップ、
クレーン（大人の手をつかんで自分の欲しいものをとらせようとする行為）
など、これらすべてです。これらを用いて、気持ちや意思、情報を受け取
りあい、伝え合います。

　では、コミュニケーションを深めていくには、どのようにしたらよいで
しょうか。コミュニケーションを通じて、伝える喜び、伝わる喜び、相手
の応答がわかる喜びを感じられるようになると、どんどんコミュニケーショ
ン意欲が深まります。子どもの反応が少ないと、ついつい、大人のかかわ
りも少なくなりがちです。子どもの反応が少ないと、さらにかかわる機会
が減り、余計に反応が少なくなり……と悪循環に陥ります。乳幼児期のダ
ウン症のある子どもには、静かな子どもがいます。そのときは、かかわる
ほうが一方的に話していて、本当に伝わっているのかしら、聞いてくれて
いるのかしらと思うかもしれません。しかし、「アー」「ウー」の声だけで
なく、ダウン症のある子どもがにこっと応えた、口がゆがんだ、声を出した、
少しこちらを見つめた……ちょっとした反応が必ずあります。子どもの伝
えようとしているところを見逃さずにいてください。これがコミュニケー
ションのきっかけです。そして、見逃さずに楽しんで、必ず「ことば」を
添えてさまざまなかかわりをしてみてください。がんばって伝えようとし
ているときに、すぐに反応するのが一番効果的です。何らかのメッセージ
を感じて、それに応えること、そのようなコミュニケーションの積み重ね
が「ことば」の土台を大きく、頑丈にしていきます。

　また、とても大事なことは、コミュニケーションは、双方向性であると
いうことです。話し手と聴き手が必ず存在します。話し手だけではコミュ
ニケーションは成立しません。また、話し手には、伝えたい気持ちがあり、
気持ちに加えて伝えたいことやもののイメージがあります。伝えたいその
気持ちを、養育者は見逃さずに応えられる聴き手としての役割が大切です。

そうすることで安心して伝えようという気持ちが育っていきます。毎日の生活の中でからだも心も子どもは育っていくように、「ことば」も育っていきます。カードや一方的に音声が発せられるテレビやスマホなどで「ことば」が育つわけではありません。人と人との双方向性のやり取りの中で「ことば」がはぐくまれます。

② 「ことば」の3つの役割

　「ことば」の役割を知ると、「ことば」の土台のことをさらに理解することができます。「ことば」の役割の一つ目は、伝達手段、コミュニケーション手段です。自分の思っていること、気持ちや考えを伝えたい人に伝える手段です。例えば、子どもが、おにぎりを見て、手を口にもっていって、もぐもぐと口を動かします。そして、養育者を見て訴えるように、アピールしているとします。子どもは、「おにぎり、食べたい」と「ことば」で言わなくても、食べたい気持ちを養育者に伝えることができます。同時に、養育者も子どもの気持ちを理解することができます。そして、「おにぎり食べたいのね」と「ことば」で返します。このように、コミュニケーションが成立します。話す「ことば」でなくとも、身ぶり手ぶりなどのジェスチャーやサインで伝えることできます。これらのジェスチャーやサインなどは、コミュニケーション手段で、「ことば」と同じ役割をもち、将来の「ことば」につながっていることがわかります。

　二つ目は、考える道具です。我々は、朝起きて、身支度をして、洗濯をして、朝ごはんの準備をして、と「ことば」を使って考えています。「ことば」が出ていなくとも、聴いてわかる「ことば」が増えている段階であれば、「ことば」を使って考え始めています。

　三つ目は、行動調整です。二つ目の考える道具と関連しています。例えば、

夜ご飯を食べた後、おいしそうなおやつを見つけ、手を出そうとしたとき、養育者から「夕食を済ませたところだから、明日のおやつの時間に食べたら」と言われ、食べずに手をひっこめた場面を考えてみます。そのとき、頭の中ではどのようなことがおこっていたでしょうか。きっと、「食べたいけど、言われたこともっともだ。考えてみると、今はおなかいっぱいだな。明日のおやつの時間を楽しみに今はおやつ我慢しよう」と考えて、結果として行動を調整することができたわけです。このように、「ことば」が発達してくると、行動も調整できるようになってきます。また、同時に少し認知面も発達してきて、見通しをもつことができることも「ことば」の行動調整の役割をたすけてくれます。この場合は、今食べなくとも明日までおやつは残っているという見通しをもつことができています。子育ての中で、以前よりよくわかってきているなと思う場面があるのは、「ことば」の役割の一つ、行動調整の力が伸びてきたことが背景にあります。

　「ことば」の発達というのは、有意語を何個言っているとか、二語発話になったとか、三語発話※になったとか、おもてに現れている「ことば」の数だけではなく、考える力がついてくることや行動調整ができるようになることです。このような「ことば」の役割をしっかり果たしていくためには、さまざまな経験をつみ、伝えたいことを増やしていくことが大切です。考えたり、行動調整していくためには、子どもが聴く「ことば」、つまり話し手のほうは、かんたんで短く、ゆっくりと話すことはもちろんですが、意味のある文で話すことを心がけることも大切です。例えば、指をさして、「それ」というだけでなく「〇〇ちゃん、それ、とって」と、文として意味がある内容を話すということです。話す側の「ことば」の使い方は、聴き手の「ことば」の発達に影響します。文として意味がある内容を話すことで、考えることや行動調整する役割である「ことば」を伸ばすことにつながっていきます。

※三語発話：単語を 3 つ、つなげて話すこと。例えば、「ぼく、りんご、たべたい」など。

3 「ことば」の3つの意味

　「ことば」には3つの意味があります。まず、"伝えたい気持ち"です。「ことば」の土台の中で、一番大切です。"伝えたい気持ち"を自然にもちあわせていくようになるには、伝えたい人が存在すること、伝えたい出来事があること、伝えたい経験をしていることが大前提になります。さまざまな経験を通じて、たくさんの伝えたい気持ちをためていき、伝えたい気持ちを身ぶり手ぶりなどのジェスチャーやサインなどで伝えたい人に伝え、その気持ちをその人と共有できた嬉しさを感じます。このような経験を繰り返していき、時間がたって、わーっと「ことば」があふれ出します。"伝えたい気持ち"を自然にもつことができるようになるための、伝えたい人が存在している環境にいること、つまり、特定の大人との愛着関係を築くことが大切です。

　次に、"理解言語"です。相手の言ったことが、わかること、理解することです。「ごみばこにポイして」、「ごはん食べるから椅子に座って」と、まだ「ことば」が出ていない子どもでも、ある時期がくると、きちんとそのようにしてくれます。"ご"、"み"、"ば"、"こ"の音をきちんと聞き分けて理解しているわけではありません。生活の中で、「ごみばこにポイして」と、繰り返し聴いて、その行為を一緒にして、見ることで、「ことば」の意味を理解できるようになるのです。毎日のさまざまな経験を積み重ねて、これは、知っていることだ、新しいことだ、と分別して、理解できるようになります。ここでも、人と関係しあいながら、さまざまな経験を積み重ねていくことが前提です。

　最後に"音声言語"です。伝えたい気持ちやことがらを、唇を動かして「ことば」として発することで、話しことばといわれるものです。"音声言語"は、最終的な「ことば」であり、その前に、"伝えたい気持ち"、"理解言語"が必ずあります。裏返すと、"伝えたい気持ち"、"理解言語"が育っていないと、

"音声言語"は育たないということです。

　では、どうやって「ことば」をはぐくんでいくのか、"伝えたい気持ち"、"理解言語"、"音声言語"の「ことば」の3つの意味にそって、その方法を考えていきます。

1）"伝えたい気持ち"のはぐくみ方

　特定の大好きな大人との1対1の関係、その人との日常生活が「ことば」の土台、"伝えたい気持ち"をはぐくみます。この「ことば」の土台は大きく頑丈であるほうがよく、スキンシップをしながら安心感、信頼感のもと"伝えたい気持ち"をはぐくんでいきます。また、聴き上手になることも大切です。聴いて、共感の機会をふやします。子どもは一生懸命、身ぶり手ぶりで伝えようとします。聴き手は意識して、大げさに共感することが大切です。なぜなら、"伝えたい気持ち"が伝わった！　それも大好きな○○がわかってくれた！と子どもが感じることが、次の"伝えたい気持ち"につながっていくからです。

　"伝えたい気持ち"を子どもは、表情、身ぶり手ぶりなどのジェスチャー、サイン、さまざまな方法で一生懸命にあらわしているとき、しっかりとそれらを読み取るようにして、その気持ちに共感し、しかも、共感したことが子どもにわかるように伝えることが大切です。乳幼児期のダウン症のある子どもは、まだまだ表出が少ないため、共感してもらえる機会も少なくなりがちです。少し表情を変えた、顔をこちらに向けた、声を出したなど、"伝えたい気持ち"をあらわしているだろうと思える、ちょっとした変化を見逃さず、応えることが、次の"伝えたい気持ち"につながっていきます。周囲は意識して共感し、聴き上手になることを心がけてください。声だけでなく、あらゆる方法で子どもが発している"伝えたい気持ち"を受け取り、共感するという、広い意味での聴き上手になることが大切です。

2）“理解言語”のはぐくみ方

　“理解言語”は、子どもの心の中の「ことば」です。また、周囲が話していることがわかるようになっていくこと、つまり、わかる「ことば」をはぐくむことは、わかることがらをはぐくむことを伴います。子どもが「おふろ」と聞いて、「おふろ」をイメージして、「おふろ」がわかることで、はじめて「おふろ」という「ことば」を理解できます。そのためには、療育者と一緒に入っている気持ちのよいものは、「おふろ」であるということを子どもが意識できるような経験が必要になってきます。一緒に「おふろ」に入っているとき、「おふろって、気持ちいいね」、「毎日おふろにはいるとからだがきれいになるね」などと声をかけ、子どもが感じているであろうことを「ことば」にして共感していくことが大切です。何もいわずにもくもくとお湯につかって、からだを洗っていても、子どもはそこが「おふろ」とはわかりません。このとき、目を合わせ、子どもを話し手に注目させながら話すことを心がけてください。子どもにとっては、自分に話されていることを意識でき、話し手にとっては、子どもが聴いていること、わかっていることを確認することができます。

　また、ただ話すだけでなく、身ぶり手ぶりなどのジェスチャー、サインなどを使ったり、実物を示しながら話します。視覚支援をしながら話すことも大切です。視覚支援とは、子どもが見通しをもって行動できるように、見えないものを「見える化」して理解をうながす支援です。「手を洗う」を例にあげると、両手で手をこすり合わせるようなジェスチャーもしながら「手を洗うよ」と子どもに伝えたとき、「手を洗うよ」という「ことば」は一瞬で終わってしまいます。しかし、両手で「手を洗う」というジェスチャーは、ことばが終わっても残っていて、十分に聴き取れなかったとしても理解を助けてくれます。また、ジェスチャーをすることで、視覚的にも情報を伝えることで注目させることができます。このように、視覚的にも「ことば」を育てていきます。

わかる「ことば」を増やしていくには、"ゆっくり"、"はっきり"、"短く"話すことが大原則です。話し手が、子どもが聴いてわかる「ことば」を意識して使うことが必要です。このことは、ダウン症のある子どもの「ことば」の発達の特徴を考えても、理にかなっています。これはChapter 4で詳しく紹介します。話し手は、子どもが赤ちゃんのときから意識してこのような話し方をすることで、自然に身につけることができます（「Q1. なぜ、「ゆっくり」、「はっきり」、「短く」語りかけることが大切なのでしょうか」参照）。できれば、子どもが小学生、中学生と大きくなってもこのような方法で話すことを続けることで、子どもの「ことば」の理解をより助けることになります。

3）"音声言語"のはぐくみ方

「ことば」として発する、話しことばといわれる"音声言語"は、"伝えたい気持ち"と"理解言語"をじっくりとはぐくむことを前提に、伸びていきます。「ことば」を理解するために身ぶり手ぶりなどのジェスチャーやサインなどを使うこと、実物を示しながら話すこと、ものの名前や経験する行動を「ことば」で置き換えて伝えていくことなど、"伝えたい気持ち"や"理解言語"をはぐくむ上でとても大切であることを述べてきました。これらのことは、"音声言語"をはぐくむ上でも同じように重要です。

"音声言語"が十分育っていないころは、養育者だけが話しているような場合がたくさんあるかもしれません。ダウン症のある子どもの場合は、その期間が少し長く感じることもあります。しかし、毎日の生活でのさまざまな行動を根気よく「ことば」で置き換えることで、「ことば」の理解につながり、そして音声言語につながっていきます。静かな家で、自分だけが話しているなと思うときもあるかもしれませんが、話したときの子どもの表情や反応を楽しむことで、自分や子どもの気持ちや行動などを「ことば」で置き換えていくことができます。

「ぼうしかぶる」と言いたくても、帽子を手にして「ぼっ」とだけ言っているとき、「ぼ・う・し、もう一回言ってごらん！」と、注意をするのではなく、子どもの状況を知ることで、工夫した声かけができます。「ぼっ」っと言えるということは、「ぼうし」がわかっていて、「ぼうし」をイメージしています。そして、頭の中のことばは、ちゃんと「ぼうし」です。がんばって「ぼうし」という音声を引き出し、それを発声しようとしています。そのような子どもの状況をわかって、「ぼうし、かぶろうね」と復唱することが大切です。お隣りにいる他の子が、「この子何言っているかわからない」といったら、「〇〇ちゃん、ぼうしかぶる、って言っているのよ」と通訳することも大切です。大人は、復唱と通訳係になることです。音声言語ではじめても、しばらく不明瞭な「ことば」が続きます。大人は、その役割をすることを心得ておいてください。

単語が一つだけ話せる状態を「一語発話」といいます。ダウン症のある子どもは、一語発話から二語発話、二語発話から三語発話にゆっくりすすみます。一語発話の時期は、"なかなか二語につながらない"と悩む養育者がいらっしゃいますが、心の中ではもう二語発話が育っています。「出た」と伝えるとき、「おしっこ出た」と心の中では話しています。二語発話が育っているということです。「んご、たい」と養育者の服をひっぱりながら、話している子どもは「ぼく、りんご、たべたい」と三語発話が育っています。子どもの"伝えたい気持ち"をくみ取りながら、また、身ぶり手ぶりなどのジェスチャーも交えて、たくさんのコミュニケーションを楽しんでください。まずは、"伝えたい気持ち"と"理解言語"をしっかり育てておくと、"音声言語"は後で必ずついてきます。

"音声言語"は、息を吐く、口を動かす、声を出すというような運動機能もかかわります。たくさんの筋肉を調整しながら動かしています。例えば、"ママ"は、口を閉じて鼻から空気を出して音を出すという簡単な筋肉の調整で発音できるのに対し、"すず"は、口の中で舌を丸くしてその隙間を息

\ ママ /

\ すず /

をコントロールしながら上手に音を出すというような複雑な筋肉の調整が必要になってきます。"ママ"は、子どもが比較的早く「ことば」として発するのは言いやすいからです。ダウン症のある子どもの特徴の一つに、筋肉が柔らかいことがあります。そのため、運動発達もゆっくりです。このような細かな筋肉の調整ができるようになるにも時間がかかります。そういった面からも、あせらずに音声言語もはぐくんでください。例えば、繰り返し息を吐く練習をするのでなく、大好きな歌を一緒に歌う、口を開いたり閉じたりする練習をするのではなく、しっかりかむ、手足を使ってずりばいをする、はいはいをしながら遊ぶなど、そのようなことも"音声言語"につながっていきます。

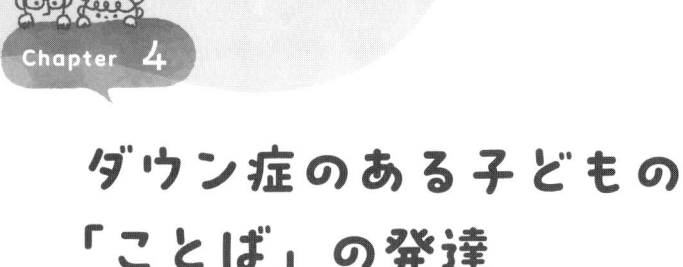

ダウン症のある子どもの「ことば」の発達

1 speech（発声・発語）とlanguage（言語）の違い

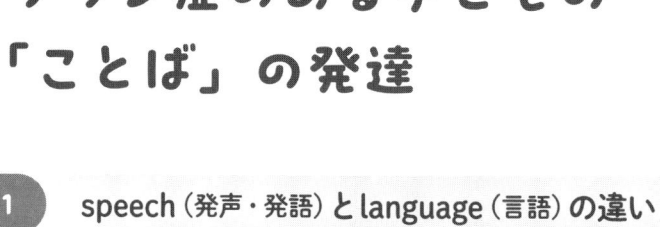

日本語の「ことば」は、英語でいうspeech（発声・発語）とlanguage（言語）の2つの意味で使われます。外言語、内言語と分けられて使われたりもします。肺、のど、舌、唇など、さまざまな筋肉が関係し、複雑な運動をしながら発声します（speech）。声は、声帯の振動により発生する音が音源になります。吐く息で声帯を振動させます。この音源が肺、気管、口腔などの管の形の変化によって「ことば」になります。それぞれの器官を変化させるのに筋肉を使います。声帯筋、内咽頭筋、外喉頭筋、表情筋（口輪筋、頬筋など）、舌筋、口蓋筋、呼吸筋（横隔膜・肋間筋・胸鎖乳突筋など）、実にさまざまな筋肉がかかわって、複雑にはたらいています。それだけ、「ことば」を話すことは、脳の機能に加え、運動機能においても複雑です。音声言語の育ちは、あせらずに、まずは"伝えたい気持ち"と"理解言語"をしっかり育ててください。このように、speechは、たくさんの発声発語器官がかかわり、大脳の知的機能とも関係した運動で、神経や筋肉の動きの影響が大きいです。

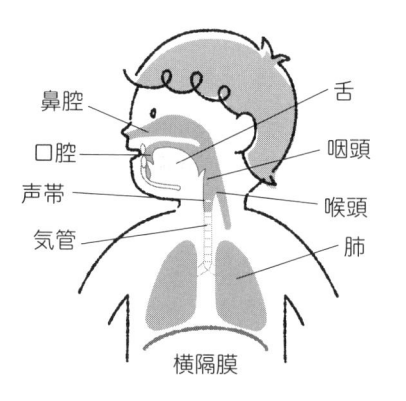

鼻腔
口腔
声帯
気管
舌
咽頭
喉頭
肺
横隔膜

一方、頭の中で、伝えたいと思い、伝えたいことを考え、そのことばを探してコミュニケーションの道具として用いるのが language です。speech も language も関連しあいながら育っていきますが、まずは、language が先で、speech があとに完成していくともいわれます。例えば、小さい子どもが魚を食べたいとき、「たかな……だい」と言っていたのが、成長とともに「さかなちょうだい」と言えるようになるのは、伝えたい気持ちがあってこそです。このとき、"さ・か・な　と正しく言いなさい"という指導は適切ではありません。まだ、運動発達にも未熟さが残るので、コミュニケーションを楽しむかかわりが大切になってきます。

　ダウン症のある子どもは、speech と language の両方ともにゆっくり育っていきます。それぞれの苦手さの特徴があります。ダウン症のある子どもの「ことば」の成長のあゆみは、もちろん一人ひとりで異なりますが、一般的に何が得意で、どのようなところが苦手かを知ることで、あせらずに「ことば」をはぐくむことができます。

　まず、ダウン症のある子どもの speech からです。音声の特徴として、低い声、かすれた声、荒い声が特徴といわれています。ダウン症のある方の身長が小柄であることから声に関係している器官にも特徴があり、声帯の振動や音響エネルギーなどに影響が出て、特有の音声になると考えられています。吃音や速話のように流暢さに課題がある方や「ことば」のリズムを上手にコントロールすることが苦手な方、不明瞭な発音になる方も、ダウン症のない方に比べると多いと報告されています。口の周りの筋緊張の低下やからだ全体の運動発達、認知発達など、さまざまな要因が関連しているとされています。

　次に language（頭の中で、伝えたいと思い、伝えたいことを考え、そのことばを探してコミュニケーションの道具として用いること）についてのダウン症のある方の特徴です。「ことば」の土台を頑丈にしていくかかわりについて、Chapter 3・5 で述べていますが、どちらかというとこれらは、

languageの部分になります。ダウン症のある方は、赤ちゃんのときは、周囲からの刺激に対する反応や応答がやや弱いです。一方、幼児期を通じて、有意語（一語）を使うこと、さまざまなコミュニケーション手段を意図的に使うこと、語用論的能力があることが強みといわれています。語用論的能力とは、話されていることを、その文字どおりの意味をこえて、話し手の伝えたいことがわかることです。子どもが聴き手として、この能力を発揮するためには、話し手が、ていねいに、親切に、愛情をもって話しかけることが大切です。

　複数の有意語が出てくるのに時間がかかるため、有意語（一語）、指さし、身ぶりや手ぶりなどのジェスチャーでコミュニケーションをとろうとすることが多いです。また、視覚的に学ぶことが得意で、見せたり、ジェスチャーをすることでよく理解することができます。ぜひ、ジェスチャーを使い、「ことば」を添えながらのコミュニケーションを心がけてください。

　就学すると、受容的言語発達にくらべ、特に、音韻処理、構文を中心とした表現的な言語発達がゆっくりであることが目立ってきます。理解言語よりも音声言語の育ちが特にゆっくりということです。また、動詞・名詞・代名詞の使い方、文をつくるなど、統語が苦手です。表現の面でも理解の面でも両方です。音と音の違いがわかりにくく、そのため、違いをわかって音を使う（話す）ことが苦手です。また、語や句の順番がわかりにくく、その順番を考えて文を話すことが苦手です。これらの苦手さは、青年期も続くといわれています。しかし、乳幼児期のときから強みとして身につけている、有意語（1語）を使ったコミュニケーション能力、語用論的能力、ことばを理解する力や伝えようとする気持ちは、ずっと保たれています。これらの力は、ダウン症のある子どもの発達年齢よりも高いレベルといわれています。ダウン症のある子どもにかかわる際には、これらの力を意識して、伝えたいこと、感じられることをたくさん増やし、人とかかわる経験を増やしていくことが大切です。

「ことば」に影響する認知機能

　Languageは、全般的な認知機能と関連しています。認知機能とは、知能、記憶する力、ワーキングメモリー、実行機能などのことです。知能は、平均して低いと報告されています。能力が喪失することを意味するのではなく、子ども全体の平均的な発達と比較して、能力の伸び具合が遅くなることを意味しています。ですので、ダウン症のある子どもは、子どもらのペースで知能が伸びます。ダウン症のある方で知能の範囲には幅があります。また、知能と社会的能力は必ずしも相関しません。つまり、社会への適応能力が高い方が大勢います。知能は、「ことば」の発達に影響します。「ことば」の習得を容器の大きさ、「ことば」の発達を促す刺激を雨にたとえられます。平均的な知能の場合、雨という刺激を与えると容器いっぱいに雨がたまります。つまり、容器いっぱいの「ことば」を得ることができます。ダウン症のある子どもの場合は、この容器自体が小さく、同じように刺激（雨）があっても、たまる「ことば」が限られてきます。

　記憶する力も「ことば」の発達に影響します。特に、ダウン症のある方は、聴覚的短期記憶、長期記憶の力が弱く、「ことば」の発達に影響するといわれています。音声で表現される情報を脳の中でとどめておくという聴覚的短期記憶の力が弱いため、聞いたときは、わかるのですが、それを「ことば」で表現しようとしたり、思い出そうとするのが苦手です。ダウン症のある方の長期記憶では、個人的な経験に基づくエピソード記憶はそのときのシーンを伴って保たれているといわれていますが、「ことば」の意味や知識などの意味記憶が特に苦手とされています。「ことば」を聴いてわかるためには、以前、聴いたことや経験したことを記憶から引き出して、参照する必要があり、長期記憶の力の弱さも「ことば」に影響します。一方、ダウン症のある方は、視覚的短期記憶の力があります。目で見た情報のほうが、音声で表現される情報よりも脳の中でとどめておきやすいということです。視

覚的に学ぶことは得意で、身ぶりや手ぶりなどのジェスチャーが「ことば」をはぐくむ上で大切であるのは、このためです。

　このような「ことば」に影響する短期記憶、長期記憶は、ワーキングメモリーや実行機能に関係してきます。ワーキングメモリーとは、目的達成のために、必要な情報をそのまま一時的に短期記憶として脳の中に保持したり、長期記憶から必要な情報を引き出したりしながら、複雑な情報処理を並行しておこなう力のことです。そして、目的を達成するため、どれくらいかかるか、どこまで達成できたのか、あと何が必要かなどを把握しながら、これらの情報の処理をコントロールし、その目的を最後までやりきる力が実行機能です。例えば、ダウン症の小さな子どもが、テーブルの上にあるりんごとみかんを見て、りんごのほうを食べたいなと思って眺めていたところ、養育者がゆっくりと指をさしながら"りんご、か、みかん、たべる？"とたずねてくれ、"りんご"と伝えたいと思い、ほんのちょっと後に"んご"と答えた場面を想像してください。この場面から、ワーキングメモリーの観点から「ことば」について考えてみます。この子どもは、テーブルの上の"りんご"も"みかん"も、食べたことがあり、聴いたこともあり、そのものは知っています。養育者が「りんご、か、みかん、たべる？」とたずねてくれたときは、自分がテーブルの上のみかんやりんごを眺めていたこと、養育者がそれを指さして聴いてくれたことなど、養育者の会話との状況から聴かれた内容は理解します。そして、いったん"りんご、か、みかん、たべる？"を脳に記憶させます。このとき、一つひとつの音を聞き分けたかど

うかは、その子の音韻理解の程度によりますが、その子どもなりに、その
とき聞いた「ことば」を記憶するのです。そして、"りんご"がたべたいこ
とを伝えようと思います。以前、"りんご"を食べておいしかったときのこ
とを思い出しながら、長期記憶として脳にしまっているいくつかの「こと
ば」を参照しながら、今の短期記憶と照らし合わせます。そして、養育者
が今たずねてくれたから、自分の気持ちを伝えようという目的を達成しな
ければと考え、今の自分の脳の中での作業（短期記憶と長期記憶を同時に
使っていることなど）を確認しながら、"んご"と答えます。特に、幼児期
のダウン症のある子どもの場合は、"んご"と伝えた背景には、口の周りの
筋緊張の低下や体全体の運動発達、音韻の理解の部分も関係しますが、ワー
キングメモリーの弱さがあります。つまり、脳の中でこのような複雑な情
報処理をしている間に短期記憶で保持していた情報が失われてしまって"ん
ご"となったとも考えられます。

　同様に、実行機能の観点から「ことば」について考えてみます。この事
例を少しかえて、養育者が「りんご、か、みかん、たべる？」「あっ、先に
手を洗ってね」と続ざまに声をかけたところ、子どもが手を洗いにいき、戻っ
てくる際に、たまたま、おもちゃを目にしました。すると、"りんご"とこ
たえること（なぜ、手を洗いにいったか）を忘れて、遊びだしてしまった
場面を想像してください。先ほどの例と同じように、いったん「りんご、か、
みかん、たべる？　先に手をあらってね」を脳に記憶させます。そして、ワー
キングメモリーをはたらかせて、"りんご"と答えようと思いながら、その
前に手を洗いにいこうと考え、先に手を洗いにいきます。手を洗って戻る
際におもちゃという違う情報が入ることで、これまで脳の中でおこなって
いた情報処理のコントロールに不具合が生じ、また、聴覚的短期記憶の弱
さも重なり、手を洗うという目的は実行できたけれども、りんごと答える
目的が果たせなかったと考えられます。

　こういった認知機能は、個人差が大きく、一律に対応することがむずか

しいので、それぞれの子どもの認知機能の特徴を適切に把握してかかわることが、「ことば」をはぐくむ上で大切になってきます。記憶やワーキングメモリー、実行機能などの力を補うかかわりです。一度にたくさん話すよりも、短く、はっきり、ゆっくり話すほうがよいです。脳の中で、余裕をもって情報処理ができます。また、反応を見て繰り返し話すことも大切です。聴覚的短期記憶がはたらきやすくなり、また、長期記憶として定着してくれます。長期記憶が増えると、ワーキングメモリーの力をおぎなってくれます。視覚的な情報として、指さし、身ぶりや手ぶりなどのジャスチャー、もの自体を見せることなどは、日常生活の中で習慣として取り入れることができます。

　児童発達支援センターや保育所などでは、視覚的に情報を伝える方法として、写真カードや絵カードを使用することが多く、日常生活においても施設と連携しながら、カードを活用することもできます。視覚的な情報が「ことば」をはぐくんでいく上で強みになるのは、子どもに見る力が備わっていることが前提です。ダウン症のある子どもには、弱視や斜視、眼振などの合併症がある場合も多く、眼の状態を定期的に評価してもらい、眼鏡の使用など、適切な対応をすることは大切です。

　さらに、これら認知機能を効率良くはたらかせる環境設定も必要です。子どもに伝えたいことや体験させたいことがある場合、子どもがそれに集中して楽しく取り組める環境が大切です。伝えたいものに子どもを注目させ、紛らわしい他の情報を整理することで、子どもは、集中できます。そして、子どもを励まし、愛情をもって見守ることで、子どもは、意欲的に取り組むことができます。ダウン症のある方の認知機能については、子どもが成長し、大人になってからも社会生活を営む上でとても重要なことなので、少し気にとめておいてください。

Chapter 5

「ことば」が育つ
土台が大切

1 子どもにとっての安心の基地をつくる

　子どもとかかわる大人が子どもはどのように発達していくのかを知り、その子どもの発達段階にあったかかわりをすることが、子どもの成長を促していくことになります。発達のスピードは個人差があり、1→2→3と順をおって成長していきます。たいてい、人間の発達段階の順番が、1→3→2と入れかわることはまずありません。ダウン症のある子どもの発達の場合も同じです。発達のスピードが緩やかだと1から2まで成長するまでにとても長く感じることがあります。それでも子どもは1.1→1.2→1.3と少しずつ、その子どものペースで成長していきます。そのため、あせらずに子どものペースを見守りながらかかわっていくことが大切です。これまでたくさんの心理学者が発達について、いろいろな理論を提唱しています。どの発達理論もまずは"子どもと大人の信頼関係を築くことが大切"といっています。子どもが成長していく上で、信頼関係を築くこと、つまり、大人は赤ちゃんのときから安心安全を提供することが大切になります。

　安心安全を提供するための大人と子どもの関係とはどのような関係でしょうか。大人が、赤ちゃんに対して「心をもつ存在」として接することが大切です。これはあたり前のことだと思うかもしれません。しかし、子どもに対して、一人の人間として、心をもった存在としてふるまうこと、ましてや自分の子どもの場合で、子どもが小さいときにそのように接する

ことは、とてもむずかしいと感じるのが正直なところではないでしょうか。まずは、子どもが安心安全をどのようにして感じていくのかを知ることで、「心をもつ存在」として、接しやすくなります。

　生まれたばかりの赤ちゃんは、まだ自分と他人の区別がついていない状態だといわれています。大人に対して一体感を抱いています。そのような赤ちゃんが、おなかがすいた、眠たいなど、泣いて訴えて、人間の生理的な欲求を表現します。そして、大人が「どうしたの？　おなか空いたかな？　オムツかな？」などと声をかけて、スキンシップしながら応じることで、赤ちゃんは、守られている感覚を徐々に養っていきます。また、泣いて訴えることで、ミルクをもらったり、おむつを替えてもらったりしながら、赤ちゃん自身も快と不快の違いを感じ取れるようになります。そして、毎日の繰り返しの中で、大人と赤ちゃんの間で感覚の共有ができるようになります。さらには、不快なときには、泣いて訴えることで、快を感じとろうとします。つまり、自分で能動的に欲求を訴えようとする感覚（泣いて訴える）が養われます。これは、自分の訴えを認めてもらえたという「自信」へとつながっていきます。

　このように、子どもの発達には、タイムリーに「ことば」をかけ、スキンシップをする大人が欠かせないことがわかります。そしてこれを繰り返しているうちに、おなかがすいた、眠たいなどは自分の内側からの感覚、痛みや感触は外側からの刺激だと自分の内側と外側の世界の区別ができるようになります。ダウン症のある子どもの場合、「ことば」や音への反応は、ほんの少しだけゆっくりです。あせらず、子どものペースを見ながら「ことば」をかけ、楽しみながらスキンシップをすることで、大人とのかかわりを感じて成長していきます。

　次に、手足を使ってものを見たり、つかんだり、はいはいなどを始める頃になると、子どもは、大人との一体感から少しずつ離れていきます。ダウン症のある子どもの場合は、寝返りやずりばいで、動き回るようになっ

てきます。また、この時期、人見知りが始まります。自分と他人の区別や、見慣れた人と知らない人の区別がつき始めます。なじみのない人やものには不安になって泣いたりしますが、なじみのある大人には不安なく、くっつくことができます。大人からの安心が伝わるともいわれます。このような発達過程には、「ことば」のリズムに合わせてからだを動かすというように、外界の刺激に反応して能動的に自分が行動することが大切になります。また、例えば、赤ちゃんが何かに頭をぶつけたときに、すぐに大人が「痛いの痛いのとんでいけ」と反応するなど、子どもの気持ちをそのときにすぐに「ことば」にしてかかわることも大切になります。つまり、子どもは、「痛い」という感覚がこういうことであると知り、大人が自分のその感覚を理解して共有してくれることを実感するという共鳴です。子どもが反応するように「ことば」をかけたり、子どもが感じているであろうことを「ことば」にして伝えるように心がけてください。

　つたい歩きができるようになる頃には、大人を安全な場所（安全基地）として大人から一時的に離れて周りの世界を探索しはじめるようになります。周りの世界にいって、探索し、不安などを感じると大人の元に戻ってきて、甘えたりして安心することで心にエネルギー補給をします。そして、再び大人から離れ、探索しはじめます。この繰り返しが好奇心をつくりだします。

　そして一人で歩ける頃には大人が自分とは別の存在であることをしっかりと認識し始めます。物理的に離れていても心の中では大人と離れがたく、大人と離れることに不安を感じるようになります。その後、幼児期に入り、心の中に大人のイメージをもつことができるようになると、大人が一緒にいなくてもお友だちと楽しく遊んだり、世界を楽しむことができるようになってきます。

　このように、子どもは、からだの発達とともに大人との関係の中で、情緒が育っていきます。これが「ことば」を育む土台となります。

　　特定の大人との愛着関係を築く

　子どもには、この人が大好き、一緒にいたい、一緒にいると安心する、この人にわかってもらいたいという人ができます。そして、その人も安定して子どもにかかわります。このような、大人と子どもとの１対１の関係のことを愛着関係といいます。特定の大人とは、まずは身近な家族のどなたかということになります。お父さん、お母さん、おじいちゃん、おばあちゃん、保育所や通所支援施設の先生、どなたでもよいです。子どもと特定の大人との１対１の関係が「ことば」の土台となります。この土台は、もちろん大きく頑丈なほうがよいです。じっくりと愛着関係を築いていくことが大切です。将来、さまざまな人との人間関係を築く土台にもなります。

　この安定した特定の大人との愛着関係があることで、自分のしたいことや感じたことを伝えたい！　という気持ちを育てることができます。伝えたいという対象者がいるからこそ、そして、その特定の大人に伝えたいという気持ちがあるからこそ、「ことば」が必要になってきます。安定した愛着関係の中で安心感や人への信頼感が芽生え、伝えたい気持ちが育っていき、「ことば」の土台となります。

　赤ちゃんのときはおなかがすいても、気持ちが悪くても、暑くても、寒くても、自分の力では何もできず、泣いて知らせることしかできません。そこで、大人が抱っこをしたり、おむつを替えたり、ミルクをあげたりすることで泣き止み満足することができます。これを繰り返すことで子どもと大人との愛着関係が築かれます。大人が入れ替わるよりも、子どもにとっての特定の大人がいたほうが、情緒の発達もしやすく、愛着関係も築きやすいです。もしも、泣いている子どもを泣いたまま何もしないでいるとどうなるでしょうか。子どもとの愛着関係を築くことはむずかしくなります。これは、大人でも同じです。話しかけたり、態度で困っていることを表しても、相手に無視されたり「どうしたの？」などと気づかいが得られない

と、段々その相手に対して話すことをやめてしまいます。信頼関係を築くことがむずかしくなります。そして、次第に、かかわること自体もやめようと思ってしまうこともあるかもしれません。「ことば」を話せるようになった大人でも発信したことへの応答が得られないとそんな気持ちになるのですから、うまく気持ちを表現できない子どもが訴えかけてきたときにはしっかりと応えましょう。

　特定の大人との愛着関係を築き、安心感が育つと、特定の大人を基地として子どもは好奇心に任せて、あちらこちらに冒険するようになってきます。1人でおもちゃを触りに行ったり、お友だちに近づいてみたりします。ふと振り向いて、そこに大人がいることを確かめると、また、安心して次の冒険ができます。その中で不安なことや心配なこと、嫌なことがあると愛着関係を築いている大人の元に戻り、抱きしめてもらったり優しい声をかけてもらったりして安心します。もし何かがあっても大人が守ってくれる、助けてくれるという感覚があるとまた自発的に積極的にかかわっていくことができるようになります。安心感が育つと、これで良いのだと思える自己肯定感も育っていきます。

　はじめてのものを見たときには、愛着関係を築いている大人の表情や動作を見て、そのものがどんな物かを判断するようになります。大人がにこにこしながら見ていれば、触れたり近づいたりしますが、もしも険しい顔や不安な顔で見ていると、子どもも不安や恐怖を感じて近づくことをやめたりします。顔色をうかがうことができるということは、自分以外の他の人も自分と同じものを見ているという認識ができているということで、子どもの発達においてとても重要になります。

　スキンシップは非常にわかりやすい愛着関係を築く第一歩です。乳幼児期までとはいわず、学童期になってもスキンシップは安心感を育てることができます。例えば、肌と肌がふれあう抱っこ、こちょこちょとさする、そい寝をしながらとんとんとする、そういったスキンシップは、安心感が

育ちます。もたれかかってきたら「なあに？」という声かけるよりも、振り向いて目を見て、養育者の手で子どもの体に触れながら「なあに？」と語りかけることのほうが、子どもは、安心し喜びます。

　スキンシップ以外でも、愛着関係を築くには、子どもが「アーアー」、「ウーウー」などと声を出すようになると、大人も同じような声を出して応えることも大切です。それに対して、子どももまた声を出すことで次第に「ムニャムニャ」、「ダーダーダー」などと少し発声し、大人と子どもの情動（感情）の共有ができるようになります。大人は、子どもの伝えたい気持ちをはぐくむだけでなく、このように子どもの気持ちを共有をすることで、その大人が好きという、子どもにとっての特別な人になっていきます。また、絵本の読み聴かせをすることも、子どもとの愛着関係を築くにはとても良いです。これは、Chapter7で詳しく述べます。

　愛着を築く上で、ほどよいかかわりが大切で、決して完璧である必要はありません。特定の大人との愛着関係が築けると、子どもが「自分」という安定した感覚や不安といったような負の感情も自分の感情として受け入れて適切に表現するようになってきます。ダウン症のある子どもは、情緒豊かであるといわれています。心揺さぶられ、感じやすいということです。

その一方で、適切にそれを表現することが苦手な子どももいます。嬉しいことや楽しいことが表現できないことであれば、まだましです。不安や恐れ、不快など負の感情を適切に表現することができず、ごんごんと頭を打ちつけたり、「ヤッ、ヤッ」と訴え続けたり、逆にうちにこもってしまったりする子どももいます。いやなことがあっても、それを共有してくれる、支えてくれる大人の存在がいることでそれを乗りこえることができるようになります。愛着関係を築いている特定の大人は、子どもの少しの感情の変化に気づくことができるようになります。万が一、その感情の変化がわかりにくかったとしても、子どもは、大好きな大人がわかろうとしてくれていることを感じるだけでも安心します。子どもにとっては、そういう大人が自分にいるのだということを実感していることが大切です。

　幼児期には誰でもイヤイヤ期があります。大人にとっては困ることもありますが、子どもの成長であり大変喜ばしいことです。イヤイヤがあるというのは自分はこうしたい！　これが良い！　という考えがあるためです。ただ、自分のその考えをうまく伝えることができず、「イヤ」という表現になっています。イヤとしか言いませんが、自分の思っていることがあるからイヤなのです。ダウン症のある子どもの「ことば」は、ゆっくりと育っていきます。そのため、うまく自分の要求や考えを伝えることができない "イヤイヤ期" は、少し長いかもしれません。身ぶり手ぶりを含む、あらゆるコミュニケーション手段を使用して、うまく伝えることができるまで、周りの大人たちが待てるかどうかが重要です。特に、子どもにとって、自分と愛着関係をしっかりと築いている大人が、待ってくれることは安心です。必ず、イヤイヤ期は通り過ぎ、長い人生のうちのわずかだったなというときがきます。イヤイヤ期では、子どもが何を伝えたいのか、"伝えたい気持ち" に寄り添ってください。

　子どもが成長し、その都度、周囲の大人が適切にかかわっていくと、子どもはいろんな欲求が出てきます。マズロー（Maslow, A.H.）は人間の欲

求を5段階に分けて説明しています（図表5）。低い次元のものから生理的欲求、安全欲求、所属と愛の欲求、承認欲求、自己実現欲求です。部分的であっても低い次元の欲求が満たされると次の高い次元の欲求が生じて、それに基づいて行動するようになります。まず生理的欲求とは生きていくために必要な食事や睡眠、排せつなどのことです。生理的欲求を強く出すときであっても、ご飯を食べて空腹を満たすだけでなく家族や友だちと楽しく食事をすることで、おなかだけでなくコミュニケーションを深める機会になります。生理的欲求も自らの伝えたい気持ちを発信しているわけです。赤ちゃんのときは、生理的欲求が多く、全面にでてきます。この生理的欲求に「ことば」をそえて、応えることで、一日のうち「ことば」をはぐくむ機会がたくさんあると考えることができます。

　安全欲求とは、安心・安全な暮らしを求めることです。子どもにとっては、養育者など身近な人を頼り、保護されることが安全欲求の一番の例で、安心の基地をしっかりともつことで満たされます。例えば、いてほしいときにそばにいてくれる、不安なときには寄り添って励ましてくれる人がいる

図表5）マズローの5段階説

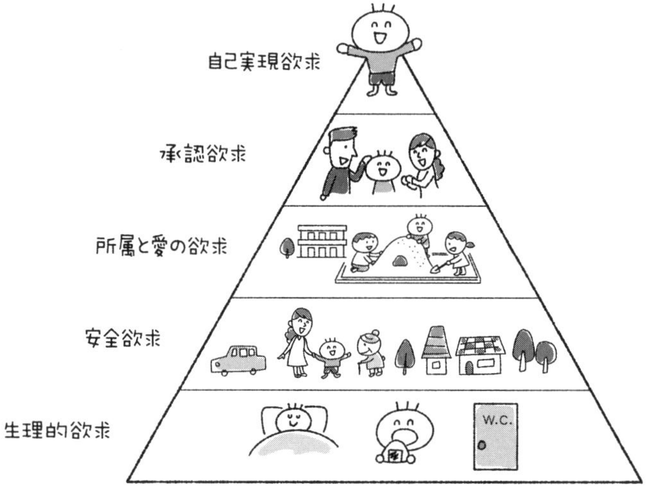

自己実現欲求

承認欲求

所属と愛の欲求

安全欲求

生理的欲求

W.C.

といったことが、この欲求の充足につながります。

　所属と愛の欲求とは、家族や友だち、社会から受け入れられたいという欲求です。社会的集団の中で所属感や受容感を求め、自分がその集団の一員であると感じられることで満たされます。家庭、学校やクラスでの居場所を感じて、そこで役に立っていると感じることが大切です。もし満たされないと、孤独を感じたり、学校や社会への不安を感じて不登校につながったり、引きこもりにつながることもあります。そのため、子どもが担える役割や係りを与えるとよいでしょう。

　承認欲求とは人から認められたい、尊敬されたいという欲求です。ほめられたりすることで自尊感情を高め、自立にもつながります。この欲求が満たされないと、劣等感を抱いたり、無気力になることがあります。結果だけでなく過程にも注目してほめたり、目標までを細かい段階に分けて１つずつ達成できるようにするとよいです。周囲からほめて認められるだけでなく、自分自身でもできたという達成感が自信にもつながり欲求を満たしていきます。ただ、周りからはほめられても自分が納得できないこともあります。そんなときにはどうしたらできるようになるのか、など一緒に考えることが有効です。

　自己実現欲求とは、これまでの４つの欲求とは少し違うとされています。これまでの４つの欲求がきちんと満たされたうえで、自分の可能性を最大限に発揮して自分らしく、独自の生き方をするための欲求といわれています。決して、社会的な成功や高い目標の達成という意味ではありません。人によって向かう方向は違います。仕事で自分の経験や力を十分に発揮したい、技術を習得して活かしたいなどの欲求だけでなく、例えば、自分の可能性や個性を存分に発揮し、自分らしさを追求していくことなども自己実現欲求といわれています。自己実現欲求をいだきすごすことができるのは、それまでの４つの欲求が満たされており、周りの人を尊重して愛情深く接することができる状態であるといわれています。

この5つの欲求だけですべてを説明することはできませんが、子どもも大人も、人から必要とされたり、社会に属したいという欲求は生まれます。こちら側の要求する発達レベルを強いるのではなく、子どもの発達レベルに応じた対応が重要です。赤ちゃんのときだけでなく、児童期、青年期とその都度、子どもの発達や欲求に合わせて、かかわっていくことが大切です。乳幼児のときは、周りと比べて「ことば」や体の発達がゆっくりであると感じることがあると思います。子どもの発達は、階段のように伸びていくといわれています。階段のふみ面が広い子ども、狭い子どもさまざまです。ふみ面が狭い子どもは、すっと次の段にあがります。ふみ面が広い子どもは、ふみ面でしばらく動き、ゆっくりと次の段にあがります。ダウン症のある子どもは、ふみ面が広いと考えてください。ある段のふみ面で時間を過ごし、力をため、経験を積んで、次の段に伸びていきます。この発達の階段は、どの子も、必ず、一段一段進んでいき、段を飛び越えるということはありません。つまり、人間の発達は、それぞれの発達段階における特徴を踏まえた成長をし、達成することで、次の発達段階につながり、継続的に望ましい発達が期待されます。あわてて次の段を大人が望んだとしても、その段に見合った成長がされていないと後々に支障が生じる可能性があります。あせらずに、発達段階ごとに適切な対応をすることが大切です。子どもの育ちの状況を一番知っている身近な大人が、現在の子どもの発達状況を適切に把握できます。子どもの力を信じて愛着関係、信頼関係を崩さないように見守ってください。

3　"聴く構え"をはぐくむ

　「ことば」を獲得することに聴力（きこえ）は必須です。聴力の問題があると、「ことば」の発達が遅れます。特に、ダウン症のある子どもの場合、

「ことば」を聴いて理解する力は話す力よりももち合わせていて、「ことば」をはぐくむ上で、その力はとても重要です。生まれたときの新生児スクリーニング検査でパスしていても、滲出性中耳炎などの耳鼻科の病気にかかりやすいので、定期的な受診できこえを確認することは大切です。

　聴力は大丈夫でも、聴覚が育っていなければ「ことば」は育ちません。「ことば」をはぐくんでいく上で、この聴覚がとても大切です。聴覚とは、聴く構えのことです。外からの刺激に対して、聴き手の準備状態のことです。まずは、大好きな人の「ことば」を聴こうとします。例えば、私たちは、ざわざわしたところで自分に向かって、直接言われてなくとも、小耳にはさむだけで、だいたいの内容を聴いて理解することができます。たくさんの聴覚的情報から、もしかしたら自分にもかかわっている情報かなと考え、選択して必要な情報を聴き分けて理解します。ダウン症のある方は、Chapter 4 で書いたように、知能、記憶する力、ワーキングメモリー、実行機能などの認知機能が苦手なところがあります。そのため、たくさんの情報から自分に関する情報を取捨選択したり、何かをしている最中に横から声をかけられ、それに応えたりすることが苦手です。そのため、伝える側には、子どもが伝える側に注目して集中して聴くことができるように工夫が必要です。こういう工夫が"聴く構え"をはぐくむことにつながっていきます。

　では、どのように"聴く構え"をはぐくむことができるでしょうか。聴く環境を整えることです。何気ない毎日の語りかけのときも、きちんとアイコンタクトをとりながら、子どもが話す側に注目してくれていることを確認して話すことが大切です。○○ちゃん、と声をかけてから話すようにすることもよいです。そして、子どもが聴いてくれていたことがわかっているということを、話し手もうなずいたりしながら示し、その状況や気持ちを共有することで、次の聴こうという態度につながっていきます。愛着関係が十分に築かれた特定の大人は、特にこの"聴く構え"をはぐくむことが

できる立役者です。

　子どもにとっては、自分で聴こうとしたことや、自分で見ようとしたことは、特に、聴いて、見て、自ら理解しようとします。声をかけられて注目してから、聴いて、見るよりも、意欲的に取り組みます。ですので、特に子どもが小さいときは、話す側は、子どもが注目しているものや興味をもっているものに合わせて話をしていくことで、より「ことば」を聴く態度や理解力を伸ばすことができます。すでに、その子どもは、話す対象に興味をもって注目しているからです。注目して、聴くという2段階をふまなくとも、聴くことだけですみます。認知機能の発達がゆっくりなダウン症のある子どもには、とてもよい工夫です。また、“聴く構え”をはぐくむには、1対1の関係の中で、声を届けることができる絵本の読み聴かせは最適です。本の読み聴かせについては、Chapter 7 で詳しく述べています。

　“聴く構え”が伸びていくと、さらに興味をもち「ことば」を理解できるようになります。自分に直接話されている「ことば」のみならず、周囲から聴こえてくる「ことば」にも興味をもち、その意味を理解しようと試みます。これまでの生活の中で経験してきたさまざまなことを「ことば」とつなげて理解するようになってくるということです。また、音の違いや意味にも興味をもつようになります。例えば、同じスリッパの音でも、パタパタパタッというのは誰で、ドンドンドンというのは誰だとわかるようになります。2階で掃除機の音がしていると、今、2階にいるのが誰かわかるようになります。夜に「ピンポーン」となったら“あっ、帰ってきた”といって玄関に走っていきます。このように人との関係の中で音のもつ意味がわかっていくことにもつながっていきます。

「ことば」を
はぐくむ毎日の子育て

1 「ことば」と生活リズム

　生活リズムが「ことば」の土台をつくります。生活リズムを整えるというのは、よく食べて、よく遊んで、よく眠るという、子どもの生活の基本です。子どもの頃に身につけた生活リズムは、大人になっても崩れにくく、生活習慣の基盤になります。生活リズムを整えると、1日の見通しがつき、情緒が安定します。毎日の規則正しい生活の中で、安心して過ごすことができるからです。また、集中力を高めることもできます。

　生活リズムを整えることがどうして「ことば」につながっていくのでしょうか。生活リズムを整えることで、生活の中で「ことば」をはぐくむためのやり取りに余裕をもって取り組むことができるからです。日常の生活動作自体が、「ことば」の土台をはぐくむとてもよい機会となります。「ことば」を教えるための時間というような仰々しいものではなく、これまで述べてきたように、特定の大人との日々のやり取りを見通しをもってできるということです。また、朝起きて、食事、着替え、お手伝い、遊び、昼寝、お出かけ、排泄、入浴など、1日の決まったことは、特定の大人とやり取りしながら、繰り返し経験しています。そのため、子どもは場面を予想しながら、「ことば」を聴き、理解できます。また、子どもは、特定の大人に伝えたい気持ちを伝えやすくなります。例えば、「お口をあーん、して」と口

を開けるのをまって、養育者がスプーンで食べさせ、「もぐもぐ、しようね」、「おいしいね」と言いながら、ゆったりとした気持ちで毎日食べさせていると、いつの間にか、子どもは言われる前に先に口を開けて、もぐもぐして食べるようになります。そして、自分で「あーん」や「もぐもぐ」という身ぶり手ぶりをしたり、少し大きくなると、「あー」「もんもん」と言うようになります。おなかがすいたとき、食べるものが目の前になくとも、「あーん」や「もぐもぐ」として見せてみたりします。「ことば」と動作が連動し、意味理解がすすんでいきます。もし、生活リズムが整っておらず、時間に追われていて、スプーンで唇を刺激して、口を開けさせ、開けたタイミングで食べさせているとします。これでは、せっかくの「ことば」をはぐくむ時間がだいなしです。

　日常の生活動作は毎日のことで、子どもが達成感を得て「った！（できた！）」と、しっかりとした伝えたい気持ちで伝えてくれる多くの機会があります。そのとき、子どもが達成感を得ることができるちょっとした工夫があります。例えば、ズボンを脱ぐとき、腰からお尻の下までのむずかしいところは一緒にやり、最後の足から抜くところを子どもに任せる（逆行法）と、子どもはできた実感を得て、かつ、ほめてもらえます。この逆で、最

初からやらせる（順行法）と指示や命令が多くなり、子どもはできたと感じにくいです。日常の生活動作は、逆行法で取り組むほうが、子どもは達成感を得やすく、ほめられる経験が増えます。こういったことを意識することで、「ことば」の土台をはぐくむ工夫ができます。

　よく眠ることは、健やかに育つために、どの子どもにもとても大切です。子どものころは、特に、脳が休み、発育するためにもよく眠ることは必要です。脳は、赤ちゃんのころはだいたい400gです。それがどんどん大きくなり、10歳くらいでは1,400gと大人と同じくらいの重さになります。重さは、このように倍々と急速に重くなります。また、同時に脳の機能も成長していきます。重さが一定になった後も、脳の機能は、脳の部位によって発達のスピードが異なりながらも成長し続けるといわれています。このように脳が急速に成長する時期にさまざまな経験による脳への刺激が、子どもの成長に効果的であることはいうまでもありません。

　通常、一晩の眠りの中で、ノンレム睡眠とレム睡眠が交互に現れています。レム睡眠は、急速眼球運動（Rapid Eye Movement: REM、頭文字をとってレム睡眠のレムです）があらわれ、脳は活動し、からだを休めています。この間に昼の起きている間に覚えた情報を整理しています。ノンレム睡眠は、脳が休んでいて、整理された情報が定着するように記憶の強化をしています。それぞれが重要な役割をになっています。このように、日中に経験したことが、その子どもの身につくためには、よい眠りが必要であることがわかります。

　では、よく眠るにはどうしたらよいでしょうか。よく食べる、よく遊ぶことです。結局は生活リズムを整えるということになります。加えて、よく眠ることをホルモンの作用からも説明できます。「メラトニン」という睡眠ホルモンがあります。子どものときにはたくさん分泌されます。朝に光を浴びると体内時計がリセットされ、メラトニンの分泌が止まります。そして、目覚めて長時間経過すると再び分泌され、自然に眠くなります。夜

更かしは分泌が抑えられてしまいます。例えば、せっかく自然に眠くなって、メラトニンの分泌が始まりだしても、夜にパソコンやスマートフォンなどの強い光を見ると、脳は朝が来たと認識してしまい、メラトニンの分泌が抑えられてしまうのです。他に、「セロトニン」という、感情をコントロールするホルモンで、幸せホルモンとよくいわれているホルモンも眠ることに関係します。

　睡眠ホルモンであるメラトニンの原料がセロトニンです。日中にセロトニンをしっかりと分泌することで、夜のメラトニン分泌を高め、よく眠ることができます。セロトニンは、目覚めて浴びる朝の光によって活性が高まる神経伝達物質です。朝の光を浴びることで、体内時計がリセットされます。眠っている間は、セロトニンの分泌が低下していますが、目覚めると活性が高まり、集中力が高まり、活発になります。逆に、起きている間のセロトニンの活性が下がると、不安定になったり、攻撃性、衝動性が高まるといわれています。日中にしっかりとセロトニンを分泌するためには、やはり、よく食べて、よく遊ぶことになります。「ことば」と食べること、「ことば」と遊びについては、次の項で述べます。

　もし、生活リズムが乱れている場合、まず、食事の時間を設定することが生活リズムを立て直す近道です。乳児期のときは、数時間おきのおっぱいやミルク、そして、離乳食が始まり、幼児期になると、間食も入れると１日４回食になってきます。生活リズムを整えるには、寝る時間、昼寝の時間、起きる時間を考えるよりもまず、食べる時間をいつにするかを考えると、生活リズムが自然に整ってきます。そして、よく食べて、よく遊ぶことで、ぐっすりと眠るようになり、生活リズムが整ってきます。生活リズムは自然には身につきません。乳幼児期からの習慣が大切です。

「ことば」と食べること

　子どもにとって食べることは、栄養をとることに加え、大好きな特定の大人との楽しい時間です。特定の大人とのやり取りができ、コミュニケーションを深めることができます。また、食べることと話すことは、同じ口を使います。口の周りの筋肉を上手に使うことが関係してきます。このように、食べることも「ことば」をはぐくむ大切な機会です。

　食べることは、唇、口、舌、頬、顎などを動かし、とても複雑な運動です。また、食べる機能の発達の過程も、以下の①から⑧のように、それぞれのレベルがあります。少しずつすすんでいきますが、そのスピードは個人により幅があります。

---

① 哺乳
② 飲み込む動きを獲得する
③ 唇を使って口をふさぎ食べ物を取り込む
④ 口をふさぎながら食べ物を舌の先と上あごの前のほうで押しつぶす
⑤ 唇、頬、舌、顎を協調させながら食べ物をすりつぶし、かみつぶし、混ぜ合わす
⑥ 自分で食べ物をとる準備として、手と口の協調運動を覚える
⑦ 手でつかんで口へ受け渡す
⑧ スプーンなどを使って食べる

　それぞれのレベルが十分に育っていないと、食べ物を口に入れて、もぐもぐ、あるいは、かみかみ、ごっくん、と飲み込む一連の動作をスムースにおこなうことができません。例えば、唇を使って口をふさぎ食べ物を取り込むことが十分に育っていないと、口唇から漏れたり、舌が突き出したり、スプーンをかんだりします。押しつぶしたり、すりつぶしたりするこ

とが十分に育っていないと、丸のみになったり、上手に口の中で食塊をつくることができず、口の中にずっと食べ物が残っていたりします。手でつかみ口にもっていくようになっても、手と口の協調が上手に育っていないと、適した量を口に入れることができず、食べ物の押し込みや流し込みになってしまいます。

　ダウン症のある子どもの場合は、舌の筋緊張が低かったり、口の中が狭かったりと、口腔機能に特徴があります。子どもの食べる機能の発達が今どんな状況かをみながら、工夫して食べさせることが必要です。また、中には食べたい気持ちが強い子どももいます。十分に食べる機能が育っていない中で、たくさん食べてしまい、むせてしまうこともあります。安全に食べるということもとても大切です。何よりも、健やかに楽しく「食べる力」をはぐくんでいくことが大切です。食べることは、生まれてから一生涯の活動です。ダウン症のある子どもの食べる機能の発達をきちんと理解した上で、その子どもにあった方法で「食べる力」をはぐくむことが、大人になってからの食習慣にもつながっていきます。

1）ダウン症のある子どもの食べる機能の発達について

　離乳食を通して少しずつ食べ物に親しみながら、乳汁（母乳または育児用調製乳）を吸うことから、食物をかみつぶして飲み込む機能を獲得します。そして、食事をすることで生活リズムが身につき、家族と一緒にいろいろな食材や料理を食べる楽しさを体験し、「食べる力」をはぐくんで、成長発達していきます。

　乳幼児期の食べる機能の発達は、全身の運動が支えとなっています。上手に食べたり飲んだりできるようになることと、寝返り、ずりばい、はいはいなど全身運動をしっかりしていくことはつながっています。離乳食を開始する5〜6か月頃の赤ちゃんは、首がすわり、寝返りができるようになっています。離乳中期の舌で押しつぶしができる7〜8か月頃は、座位

が安定しています。離乳後期の歯ぐきでかみかみと咀しゃくができるようになる9〜12か月頃は、つかまり立ち、つたい歩き、一人歩きができるようになっています。

　一方、ダウン症のある子どもの発達はゆっくりすすみます。特に、新生児期・乳児期は筋力が弱く、そのため哺乳力も弱く、赤ちゃんの力だけでは必要な栄養が十分にとれず、工夫が必要なこともあります。授乳回数を多くしたり、経管栄養で哺乳を助けたりすることもあります。離乳食を開始する5〜6か月頃は、まだ首がしっかりすわっていないこともあります。個人差はありますが、座位が安定するのは6〜16か月、立位、歩行ができるようになるのは12〜48か月くらいです。そのため、離乳食を上手に食べられるようになるのもゆっくりと進んでいきます。子どもの発達状況に合わせて離乳食を進めることで、それぞれのペースで食べる機能を獲得して、いろいろなものを食べられる子どもに成長発達していきます。

2）ダウン症のある子どもの栄養

❶ 離乳期の栄養のとり方

　生まれてから生後5か月までの赤ちゃんは、乳汁ですべての栄養をとります。母乳や育児用調製乳には、その時期の赤ちゃんにとって必要な栄養が十分に含まれています。6か月を過ぎると離乳を開始しますが、離乳が完了して家族と同じ食事が食べられるようになるまでは、必要な栄養を離乳食だけでバランスよく摂取することはむずかしいです。そのため、離乳のすすみ方に合わせて、乳汁で栄養を補いながら離乳を進めていきます。離乳中期の7〜8か月頃は、1日の栄養の半分以上を乳汁から摂取しています。離乳後期の9〜12か月頃には、1日に必要な栄養の2/3程度を食事から摂取し、乳汁からの栄養は1/3程度に減少してきます。そして、完了期の12〜18か月以降はほぼすべての栄養を食事から摂取するようになります。

　ダウン症のある子どもでは、発達がゆっくりのため、食べる量が増えて

食事からしっかり栄養が摂れるようになるまでに時間がかかります。離乳食はなめる程度、数さじ程度という時期が12〜18か月頃まで長く続く場合もあります。この時期の離乳食は、「栄養摂取」より「食べられるようになるための練習」という意味合いが強いです。そのため、栄養摂取はまだまだ乳汁が中心になります。食事量が増えて自然に飲む量が減るまでは、食後に十分に乳汁を与えます。

❷ ミルクの種類について

母乳、乳児用調製乳（0か月からのミルク）、フォローアップミルク、牛乳の栄養成分を図表6-1に示します。母乳は、安全で消化しやすく、生後数か月の赤ちゃんにとって最適な成分組成の栄養です。乳児用調製乳は、母乳の栄養成分に近くなるようにつくられた、母乳のかわりとなるミルク

図表6-1) 母乳、育児用調製乳、フォローアップミルク、牛乳の栄養成分組成

100mlあたり	母乳[*1]	乳児用調製乳[*2]	フォローアップミルク[*3]	牛乳[*1]
エネルギー（kcal）	62	66	66	63
たんぱく質（g）	1.1	1.5	2.1	3.4
脂質（g）	3.6	3.6	3.0	3.9
炭水化物（g）	7.3	7.1	7.7	5.0
ビタミンD（μg）	0.3	1.1	1.2	0.3
カルシウム（mg）	27	44	99	114
鉄（mg）	0.04	0.9	1.3	0.02
亜鉛（mg）	0.3	0.4	（−）	0.4
銅（mg）	0.03	0.05	（−）	0.01

（2022年7月）

＊1　日本食品標準成分表2020年版（8訂）より
＊2　グリコ「アイクレオバランスミルク」の成分組成　12.7%調乳（江崎グリコ製品規格書）
＊3　グリコ「アイクレオグローアップミルク」の成分組成　13.6%調乳（江崎グリコ製品規格書）、（−）未分析

です。フォローアップミルクは、牛乳のかわりとなる食品です。鉄やビタミンが強化されていますが、乳児用調製乳とは異なり、乳児に必要な亜鉛や銅が添加されておらず、母乳のかわりとしては使えません。鉄強化食品として離乳食の調理に用いたり、食事から必要な栄養が摂取できるようになれば、牛乳・乳製品のかわりとして飲用するのは有用です。

　ダウン症のある子どもは、乳汁中心で栄養を摂取している時期が長いため、月齢が進んでいてもフォローアップミルクではなく、0か月からの乳児用調製乳を用います。

❸ エネルギー摂取量の目安

　ダウン症のある子どもの必要エネルギー量は、平均的な子どもの80％程度を一つの目安にしますが、体格や発達、運動量などにより個人差があります。成長曲線を用いて個々のペースで順調な成長の軌道を描いているかを参考にしながら、食事と乳汁の量を調整します。

3）離乳の開始と進め方のポイント

　離乳を開始する発達の目安は、首がすわりしっかりしている、支えると座れる段階であり、口腔機能のような複雑な運動を獲得するときには体幹や頭頸部の安定は重要です。しかし、ダウン症のある赤ちゃんでそのような運動発達を待っていると、離乳の開始が遅れてしまいます。また、口唇、舌、頬、顎が連動する口腔の協調的な発達がすすむ生後7〜9か月の時期に食べる練習ができるようにし、食べ物に慣れて口腔過敏を予防するという観点からも、生後6か月頃から少しずつ離乳を開始します。授乳のリズムが一定になるように調整し、食前2〜3時間は空腹になるようにして毎日だいたい同じ時間帯に離乳食を与えるようにします。

　離乳を開始しても、筋力が弱くすぐに疲れてしまい十分な量を食べられないことが多いですが、ペースダウンしてきたら無理せず食事を切り上げ

て、食後の授乳により栄養を補うようにします。ダウン症のある子どもは、咀しゃく筋の弱さや口腔内が小さく鼻孔が狭いなど構造的な特徴によって、上手に口唇を閉じられない、舌が突出して飲み込まないなど、離乳食を進めるのに難渋する場合があります。あせらずに、子どもの成長を待ってみてください。咀しゃく力がついてくると舌突出も徐々に減少していきます。「食べない」とあきらめずに、少量ずつでも食べる練習を継続することが大切です。また、咀しゃく運動の獲得は3歳頃まで時間がかかるといわれています。食事形態のステップアップは摂食機能の発達レベルに合わせて、通常よりかなりゆっくりのペースで進めるようにします。ダウン症のある子どもの食事形態の進み方の目安を図表6-2に示します。図表6-2で示したように食事形態には工夫が必要ですが、食事メニューや食事回数は平均的な子どもと同様に進めます。栄養バランスよく、いろいろな食材を使って、1歳頃にはできれば3回食にして食べる練習をたくさんしてみましょう。

図表6-2）ダウン症のある子どもの食事形態の進み方

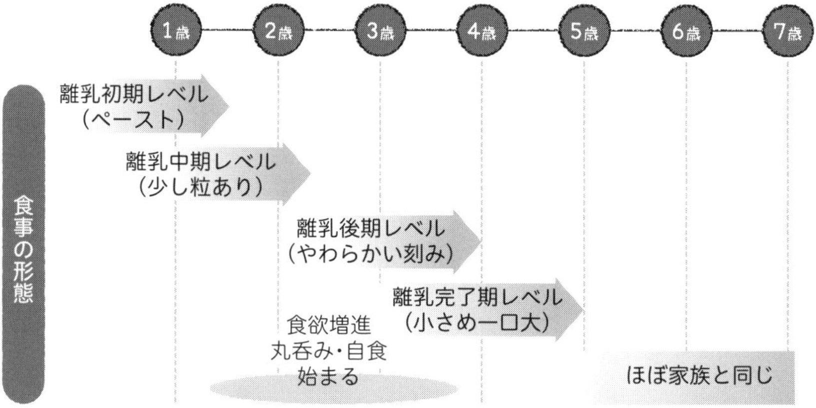

出典）西本裕紀子：「先天異常症候群児の栄養管理—ダウン症候群児を中心に」臨床栄養、2016、129（5）、p.676-680.

4 ） 水分摂取について

　離乳が進んでくると、乳汁以外の水分摂取量が少なく心配になることがあります。コップやストローではまだ上手に飲むことができず、哺乳瓶でお茶や白湯を与えても、ミルクのようには飲んでくれないことも多いです。少しでも水分を摂らせようと、イオン飲料やジュースなどを与えると、甘くておいしいのでよく飲んでくれる場合がありますが、子どもは、そのような飲料に慣れてしまうと、ますますお茶や白湯を飲まなくなってしまいます。お茶や水は、ミルクのように一度にゴクゴクと多量に飲めなくてもいいのです。食事中や食後、お風呂上がり、外出の前後、また、一緒にいる家族が水分を摂取する同じタイミングなどに、スプーンを使って、少しずつ、こまめに口に入れて飲ませます。スプーン飲みに慣れてきたら、少し大きいレンゲで上唇を使って飲ませるようにし、さらに慣れてきたら、コップの練習もしていきます。

5 ） 偏食せずうまく食べるために

　食がすすみにくかった赤ちゃんも2 〜 3歳頃からは、食欲が出てきて自分で食べる（自食）こともできるようになってきます。そうなると、食べることは本人に任せてしまいがちですが、口の中にたくさんの食べ物を詰め込んで食べたり、よくかまずに丸のみしたり、早食いになっていたりすることがあります。一旦そのような癖がついてしまうと、修正するのはなかなかむずかしくなります。自分で食べることがすすんでも上手に食べられているかを見守ってください。そして、一口量を調節したり、咀しゃく能力に合わせた形状に工夫することで、適切に自分で食べることができます。そのことで、上手に食べることができたという自信につながっていきます。また、ゆっくりかむことを、時間をかけて根気よく教えていくことも大切です。

　食欲が出てくると、やわらかくて食べやすいものを好み、しっかりとか

む必要があるおかず、とりわけ野菜料理などを苦手とし、好きなものばかりを食べたがるようになります。これは、どの子どももそうですが、特に、かむことが苦手なダウン症のある子どもの場合は、たくさんかまなくとも、食べることができるような白ご飯などの好きなものでおなかを満たしてしまうことはよくあります。苦手な野菜も食べやすい形状に調理して、幼少期から少しずつでも食べさせるようにし、食べられたらしっかりほめて、根気よく子どもの「食べる力」をはぐくんでいくことが大切です。

6）楽しい食卓

　小さい子どもは、複数のことを同時におこなうことが苦手で、1つのことしかできない場合が多いです。一方、時間を決めて1つのことにじっくり取り組むことで集中力のある子どもに育っていくともいわれています。テレビやスマホを見ながらでないと座って食べてくれないというご相談を受けることがあります。ご家族の協力が必須になってきますが、食事中はテレビやスマホを消す習慣をつけることがとても大切です。テレビやスマホ、タブレットは子どもの視覚や聴覚を過剰に刺激して強制的に注意を向かせます。そのため、楽しく食事をしている家族の「ことば」は耳に入りにくくなります。「ことば」をはぐくむことができる、せっかくのコミュニケーションの機会が失われます。その上、十分に食べる機能が育っていない子どもが、食べることに集中していない状況であると、かまずに飲み込んだり、むせてしまうこともあり食事が安全ではなくなります。

　時間を決めて食事だけにしてみてください。食事での家族との楽しいやり取りや、もぐもぐ、ごっくんする食べる動作、これらは「ことば」の土台です。「ことば」の育ちからも食事は、楽しく、そして、食べることに集中することが大切です。

7）肥満の予防

　乳幼児期に思うように食べずに心配した子どもが、食欲が出て食べるようになることは、ご家族にとってはとても嬉しいことです。喜んで食べてくれるので、つい欲しがるものを欲しがるだけ与えたり、食事以外の時間にも要求されると、おやつや牛乳、ジュースなどの食べ物を与えていることがあります。次の食事まで待つこと、今、十分に食べたから、おしまいにすることなどを、わかりやすい「ことば」で伝えることはひと苦労です。また、食べたい気持ちを上手に「ことば」で表現できない子どもは、ただただ駄々をこねます。ついつい、根負けして、あげてしまうことになります。これを繰り返していると、子どもは、要求すれば食べ物がもらえると誤って学習します。食事のときには好きな料理のおかわりを欲しがり、食べたいもの、飲みたいものがあれば欲しがり、それに応じていると、結果としてエネルギーが過剰となり、肥満が進んでしまうケースが少なくありません。ダウン症のある子どもは、太ってきたから食欲を抑えて食べることを

図表6-3）幼児期から教える食事のルール

1．食べる場所は基本的に食卓だけであることを教える。

2．大皿盛りにせず、各自の食器に分けて盛り付け、自分の分だけ食べることを教える。

3．食べ終わったら「ごちそうさま」をする。

4．食事の時間、おやつの時間は決まっていて、それ以外の時間は食べないものだということを教える。

5．家の中の食べ物を勝手に食べないことを教える。

出典）西本裕紀子：「染色体異常を有する児への対応」日本小児医療保健協議会栄養委員会小児肥満小委員会、幼児肥満ガイド、019、p.72-77. 2019youji_himan_G_ALL.pdf (jpeds.or.jp)

少し我慢することは、むずかしい場合が多く、肥満を改善しようとしても非常に苦労します。ですから、そうなる前に、幼児期から適切な食事のルール（図表6-3）を教えて、子ども自身がそのルールに従って生活していけるように応援していくことが肥満予防の近道です。いつもは決まった時間にしかおやつをあげないけど、今日は、欲しがったからおやつの時間以外にお菓子をあげたなど、ルールが一貫していないと、子どもも混乱します。子ども自身がルールを身につけるには、一緒に食卓を囲む家族の協力も必要です。幼少期からの適切な食習慣が将来の肥満を予防することができます。

③ 「ことば」とからだ（運動）

　発声・発語をつかさどる言語野は大脳の左半球の「運動性言語中枢（ブローカ野）」です。Chapter 4 で述べた speech の部分です。また、「ことば」を聴いて理解する言語野は同じ大脳の左半球の「感覚性言語中枢（ウェルニッケ野）」にあります。language の部分です。脳の中で、「ことば」にとって大脳以外の大事な部分として脳幹があります。呼吸をして、からだを動かし、食事をする（消化吸収する）という、いのちに関係する役割を担っています。脳幹がきちんとはたらかないと、大脳の言語野もはたらきません。

　大脳と脳幹の間にある大脳辺縁系は、からだと連動する気持ちや感情にかかわる大切なところです。よく遊んで動いた（脳幹をしっかり使った）後、「おなかが空いてなんだかイライラするな」、でも、食べると「ほっとしたな」とか、目の前にかわいい猫が突然現れからだをひっこめたとき、「『びっくりした！』って早く伝えたいな」など、からだの動きと連動して出てくる自分の気持ちに大脳辺縁系がかかわっています。意欲や記憶にも関係しているといわれています。このことからも「ことば」は伝えたい、学びた

いと意欲をもって、からだとも連動しながら、日常の中で学んでいくことが大切だとわかります。

　大脳の言語野がはたらき、「ことば」が育っていくためには、大脳のはたらきの基礎になる脳幹や大脳辺縁系もしっかりと成長していくことが大切です。生活リズムを整え、食べて、眠って、からだをしっかり使って遊ぶという繰り返しの中で、「ことば」の力がついていくというのは脳のはたらきからも説明できます。

　前項でも述べたように、乳幼児期のもぐもぐ、ごっくん、かみかみは、口だけの運動ではなく全身の運動が支えとなっています。上手に食べたり飲んだりできるようになることと、寝返り、ずりばい、はいはいなど全身運動をしっかりしていくことはつながっています。大人も重い荷物をもつなど、力を入れるとき、無意識にぐっと歯を食いしばっています。力を入れること、からだを動かすことはかみしめること、咀しゃくにつながっていることがわかります。

　上手にもぐもぐ、ごっくん、かみかみさせようと取り立てて口の運動をするよりも、からだを動かすことが大切です。寝返り、ずりばい、はいはいと日頃の動きをしっかりする、できれば一緒に遊びながら楽しくする、というのが「ことば」の土台をはぐくみます。うつ伏せや寝返り、ずりばい、はいはいの中で、手、腕、肩、体幹、膝、足で自らを支え、筋肉を十分にはたらかせることが、食べること、そして「ことば」を話す筋肉にも関連していきます。

　運動というと、足を動かし、手を動かし、からだ全体を動かす、というように思うかもしれません。話をすることも、運動です。上手にさまざまな筋肉を使いながら運動をしています。例えば、口をリラックスして声をだしてください。「あー」と言っていませんか？　次に、唇をとがらせて、声を出してください。「お」とか「う」と言っています。今度は、唇を横にひっぱるように意識して声を出してみてください。「い」とか「え」と言ってい

ます。口の形を変えるだけで母音が違っています。

　次に、「あー」と声を出しながら、下顎を上下してみてください。「あー」ではなく、「あうあう」という声が聴こえます。顎関節を軸に下顎が上下に動くと音も変わってしまうのです。「あー」を言い続けるためには顎運動が安定していなくてはなりません。筋肉が柔らかく運動が苦手なダウン症のある子どもにとってはむずかしいことです。

　私たちは「吐く息」で話をしています。呼吸筋も使います。ダウン症のある人は、「あー」と息が続くまで長く続けることが難しい場合が少なくありません。また、吐く息の鼻への抜け方や唇のはじき方で音の違いがあります。例えば、「パ」と「マ」は唇をはじくのは同じですが、「パ」は「マ」よりも強く唇をはじいています。唇の筋緊張のあげ方が違います。「マ」のときは、吐く息が鼻に抜けますが、「パ」のときは鼻に抜けません。

　次は、舌を意識して「か」と「た」を言ってみてください。舌先が歯の裏にくっついたのが「た」、喉の奥がくすぐったい感じがするのが「か」です。「か」は、軟口蓋と舌があたって音を出しています。「か」と言おうと思っていても、舌先が上の前歯にあたっていたら「た」になります。たった1

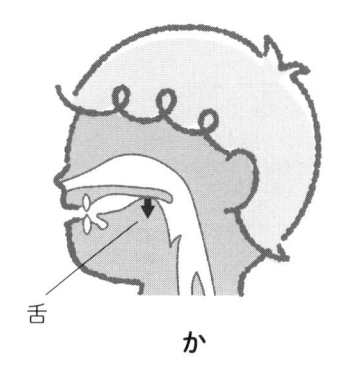

舌　　**か**

舌　　**た**

音でも運動の仕方が微妙に違っています。このように舌のわずかな動きの差で音の差ができます。

　これらの運動や呼吸がうまくいかなかったら、どうでしょうか。上手に音として伝わらないかもしれません。運動発達がゆっくりなダウン症のある子どもは、すぐには上手にできません。発語は気にせず、まずは、"伝えたい気持ち"をしっかりと育て、理解できる「ことば」を増やしていくことが大切です。また、将来の運動としての発音につなげるためにも、からだをつくっていくこと（手や全身を使ってずりばいをする、はいはいをする、つかまり立ちをする、伝い歩きをする、しっかりと歩く）、そのような基本的な全身運動がとても大切です。

4　「ことば」と遊び

　子どもは、積み木を放り投げることがおもしろいときは何度も放り投げます。ティッシュ箱の中身がなくなるまでティッシュを出したり、コップのお茶を何度もひっくり返したり、大人にとっては、やめてほしいこと、困ることでも、子どもにとっては、すべて遊びになります。子どもは繰り返しを楽しみます。同じおもちゃでしか遊べない、他に興味がないので心配している、という話もよく聞きます。他に興味がないというよりも、そのおもちゃがお気に入りということです。最初は同じことをしていても、よく観察していると同じおもちゃで少し違った遊び方をしていたりすることもあります。気に入ったもので自分なりに遊び方をかえて遊んでいます。遊ぶ中で子どもは知恵をつけていきます。知恵がついてくるということは、考える道具、行動調整としての「ことば」がはぐくまれているということです。

　一緒に遊ぶことができる時間は、なおさら、「ことば」をはぐくむ時間に

なります。まだ、赤ちゃんのときは、Chapter 5 で紹介したように、愛着関係をしっかりと築くことが大切です。「たか～い、たか～い」とアイコンタクトをして語りかけ、繰り返し抱き上げることも遊びです。こどもが「アー」、「ブー」と声を出すのに、合わせて大人も「アー」、「ブー」といったり、たまには「アッ、アッ」と少し変えていったりと、タイミングよく応えることも遊びです。「こちょこちょ」と声かけながら、こちょこちょとくすぐったり、「ゆーらゆーら」と歌いながら、ゆらゆらと揺らしたりなど、何気なく日々おこなっている遊びが、愛着関係を築き「ことば」の土台となります。

　愛着関係がしっかりできたら、ものを介したやり取り遊びをすることができるようになります。つまり、子どもと大人の1対1のかかわりである「二項関係」から、子ども・人・ものと3つの要因で成り立つ「三項関係」ができるようになります。「三項関係」は、コミュニケーション能力に不可欠といわれているものです。ものを介したやり取りは、コミュニケーション遊びです。例えば、ボール遊びです。「〇〇ちゃん、ボールいくよ」といって投げようとします。そうすると〇〇ちゃんは、それを聴いて受けようとします。このとき、「〇〇ちゃん、ボールいくよ」とすべての音韻を正しく理解していないかもしれません。しかし、養育者がこっちを向いて、ボールを投げようとしていること、以前もこのような遊びをしたことがあったなと思いだし、「ことば」を理解して、ボールを受け取ろうと思うことができます。養育者が話し手になって、〇〇ちゃんは聴き手になっています。反対に〇〇ちゃんが投げる番になったとき、上手に投げなくてもよいのです。「いくよ」という気持ちが養育者に向いていることがとても大事です。今度は〇〇ちゃんが話し手で、養育者が聴き手です。

　ボールに限らず、どんなものでもこのようなやり取りができます。横にならんで、おもちゃのケーキを「〇〇ちゃんどうぞ」と「ことば」をそえて渡そうとすると、〇〇ちゃんは、「とう（ありがとう）」と手を出して受け取ろうとします。このように、聴き手と話し手となり、わかりやすいや

り取りの中で、「ことば」の土台がはぐく
まれます。

　見たて遊びも、幼児期のコミュニケー
ション遊びの良い例です。人形に食べさ
せたり、寝かせたりします。ままごとの
ような、少し難しいことでなくとも十分
です。最初は一緒にやって複雑なことを
しなくてもよいのです。人形に食べさせ
たり、寝かせたりするような単純な遊び
です。「ご飯食べさせよう」といって、養育者が人形をだっこし、スプーン
を口にもっていく姿を見て、子どもは、次に「ご飯食べさせてあげて」と
言われると、同じようにスプーンで食べさせることができます。「おなか
いっぱいになって、眠くなってきたかな」と子どもにいうと、どこからか
タオルをもってきて、人形にかけ、とんとんと寝かしつける真似をします。
「ねんね」と養育者の音声も真似していうこともできるようになってきます。
単純ですが、大好きな大人とコミュニケーション遊びをすることで、「こと
ば」の意味理解を深め、次の行動をイメージして予測する力をつけていき
ます。自分の経験してきた生活の記憶をたどり、経験を利用していきます。
自分が養育者にしてもらっていたことを思い浮かべながら、目の前の人形
と遊んでいるのです。ミニカーをつかって、ブーブーと床を道に見立てて
走らせることも、同様にコミュニケーション遊びです。最初はミニカーで
遊んでいるところから、積み木や箱などをミニカーに見立てて遊ぶように
展開することもできます。積み木が実際の車を意味していると理解し、車
のイメージをもつことができているということです。実際の車―積み木―
車のイメージ、と見立ての三項関係が成立しています。

　手遊び歌は、物ではなく、歌を介する遊びです。「むすんでひらいて」、「手
をたたきましょう」、「ひげじいさん」、「いっぽんばしこちょこちょ」など、

たくさんあります。歌に合わせて真似をして遊びます。動作模倣です。「ことば」をはぐくむ中で、身ぶり手ぶりなどのジェスチャーにつながります。最初は、歌詞の意味がわからなくとも、手遊びも合わせることで、だんだん、その歌詞の「ことば」の理解ができるようになります。身ぶり手ぶりが視覚的な情報として、理解しやすいからです。また、続けていくうちに、歌真似もするようになってきます。自分で考えて、「ことば」にする音声言語の育ちよりも、一足先に歌模倣ができるようになるのは子どもの自信につながっていきます。

　最後に、たくさんの遊びがある中で、すべての遊びに共通している何よりも大切なことは、子どもの反応を見ながら、その反応に「ことば」を添えて応じることです。子どもとのやり取りをぜひ、楽しんでください。

5　「ことば」と集団

　インクルージョン保育とは、多様な子どもが共に育ち学んでいけるようにそれぞれの発達に寄り添った保育のことで、子ども同士が学びあい、育ちあっています。インクルージョン保育では、ダウン症のある子どものみならず、周囲の子どもすべての社会性を育てるといわれています。地域の保育所、こども園、幼稚園などで、他の子どもたちと日中活動を共におこなうインクルージョン保育を受けているダウン症のある子どもも増えてきています。ダウン症のある子どもみんなが、インクルージョン保育に向いている

ということではありません。体調が安定していない子ども、人に興味をもちにくい子ども、音や人にとても過敏な子どもなど、児童発達支援センターや児童発達支援事業といった1対1の対応を重視した、より小集団での生活のほうが発達支援に向いている場合もあります。また、小集団での生活から、子どもの育ちに応じてインクルージョン保育に転向していくこと、また、その逆もあります。その子に応じた集団生活のあり方を子どもの成長とともに考えることが大切です。児童発達支援センターや児童発達支援事業では、ダウン症のある子どもらの専門家がサポートしてくれます。この項では、インクルージョン保育のことにふれたいと思います。

　インクルージョン保育をすすめている幼稚園、こども園や保育所は、とても上手に子どもをほめます。例えば、ダウン症のある○○ちゃんが上手にスプーンを使って食べたとき、保育士が大きな声で「○○ちゃん、とっても上手ね」とほめます。それを聴いている周囲の子どもたちは、「○○ちゃんすごいな、がんばっているな」と感じます。この行為は、周囲の子どもたちがすでにできていて、○○ちゃんが今がんばっていることかもしれません。しかし、○○ちゃんが、お友だちの忘れていた帽子をさりげなく取ってあげたことを保育士が見逃さず、「○○ちゃん、本当によく気づいてくれてありがとう」とほめると、「○○ちゃんは、自分でもできないことをやってのけて、先生にほめられてすごい」と感じ、○○ちゃんの見方をかえていくきっかけになります。

　子どもたちは、先生にほめられたいと思い、自分が良いと思ったことを積極的に取り組んだり、友だちがほめられたことを取り入れて自分もがんばるようになり、集団での保育がとても良い状態になります。このように、インクルージョン保育は、育ち合いの場です。わが子が幼稚園や保育所の負担になっているのではないかと、決して不安に思わないでください。園生活が、子どもにとって充実したものになるように、担任の先生とお互いに信頼関係を築いていくことが大切です。

ダウン症のある子どもに対して、1歳半ばか2歳くらいから、園によっては、加配保育士を配置する配慮があります。1対1、そうでなくとも、2〜3対1で加配保育士が配置されると、特定の大人とのコミュニケーションの機会を得やすい環境になります。また、子どもは、大人を介して他の子どもとの関係性を深めやすくなります。インクルージョン保育の浸透により、ダウン症のある子どもを含めた発達に課題のある子どもへの対応のノウハウは蓄積されつつあります。子どもの専門家である園の先生に子どもをみたててもらいながら、集団の中で、子どもの発達支援がなされます。ただ、発達に課題のある子どもとひとくくりにできません。一人ひとり異なります。子どもの特性をきちんと園に伝えることは、養育者の大切な役目です。ダウン症のある子どもの「ことば」の特徴（Chapter 4）として、聴覚的情報よりも視覚的情報が理解しやすいこと、音声言語と理解言語の発達のばらつきがあること、短期記憶が苦手であることなどは、園生活を支える先生方には大切な情報です。もちろん、子どもにとっても、園の先生方に「ことば」の特徴を知ってもらうことは、長い時間をすごす園生活でしっかりと「ことば」をはぐくむために、必要なことです。

　これらの特徴を園生活に活用できるように言い換えると、次のようにいえます。「ことば」だけでなく、実物を見せたり、絵カードを使用したり、身ぶり手ぶりなどのジェチャーを使うことで理解しやすいです。決して、話さないからわかっていないのではなく、ゆっくりはっきり短く話すことで理解言語をもっと伸ばせます。理解言語がずいぶんと育っているということは、伝えたいこともたくさんあり、例えば、身ぶり手ぶりを盛んに使っているため、子どもなりの発信をくみ取り応じることができます。また、子どもは、そのときわかっていても記憶にとどめることが苦手なため、大人が繰り返し伝えることで、より理解してくれます。また、真似が得意で、みんなと同じようにして、だいたいはわかっているようだけど、きちんとは理解していないことが多いです。そのため、子どもに応じた追加の説明

をすることで、子どもはより理解し、次の活動につなげることができます。園は、子ども一人ひとりを大切にするところですので、その子どもの特徴を伝えることは、もちろん大事ですが、ときには、ダウン症のある子どもの特徴を説明することで、その子どものことをより理解してもらえる場合もあります。

　これらのことを、子どもの具体的な行動を例にして、その行動は、どのような意図でおこなっているのか、どのような意味をもつのかを説明し、子どもの状況について、先生と養育者が共通認識をもつことが、インクルージョン保育を過ごしやすくするポイントです。もちろん、養育者からばかりが情報を伝えるのでなく、（過干渉になりすぎない程度に）園から伝えていただき、子どもの様子を養育者も知ることは大切です。それは、ダウン症のある子どもは、直接、養育者に伝えることがむずかしいためです。養育者は、子どもの園での様子がわからないので、園での取り組みに対してほめる機会がへります。園での様子を少しでも知ることで、家でもほめる機会を増やすことができます。また、手を洗う方法、服の着替えの方法、靴のしまい方、食事の仕方など、園での身辺自立や生活習慣の手順を確認しておくことも、ときに有用です。例えば、シャツを着るときに首から通すか、手から通すかなど、細かなことですが、園と同じようにすることで、早く自分で達成することができます。いったんできるようになった後は、こだわらずにさまざまな方法でもシャツを着ることができたほうが、臨機応変さが身につきます。しかし、最初は、自分でできるようになることを優先するための方法として、園とやり方を統一することも有用です。

　集団生活の子ども同士の育ちあいの中で、ダウン症のある子どもがやろうとしていること、伝えようとがんばっていることを率先して他の子どもが代わりにしてくれることを見かけます。養育者が園に迎えにいくと、友だちが、カバンをとってきてくれたり、靴を出してくれたり、そして、靴まではかそうとしてくれたりする場合があります。子どもが園でみんなと

ともに過ごしていることが実感できる嬉しい瞬間です。毎日の生活の中で、子どもは成長します。そのときの子どもの発達度合いに応じた、手の差し伸べ方が必要です。ダウン症のある子どもの伝えたい気持ちをくみ取ること、不明瞭であっても「ことば」に耳を傾け、まずは、聴き手になること、やりかけていることを早くできるように手をかすのではなく、ゆっくりでもやろうとしていることの応援団になることは、同じ年齢の子どもにとっても、とても難しいことです。園の先生がダウン症のある子どもに対してそのように接することで、他の子どものお手本になります。養育者が子どもと他の子どもとの関係で気にかかることがある場合、すべての子どもにとって良い方法を考えるタイミングになることもあります。園の先生方と良い関係を継続しながら、相談していくことは大切です。

　集団行動では、集団を意識しながら自分の行動をコントロールする機会が増えます。例えば、自分がしたいことがあっても、順番を待つようになったり、鬼ごっこやだるまさんが転んだなどの集団遊びでは、ルールが十分にわからなくとも、好きなように走り回るのではなく、周りを見て同じように遊ぶようになります。「ことば」の役割の一つである行動調整の力が伸びていきます。ぶらんこで順番を待つこと、鬼ごっこで追いかけられたら逃げること、だるまさんが転んだでは、鬼が振り向くと止まること、これらは、みなと一緒に取り組みながら、まわりを見て、真似てできるようになります。できることと、わかってできることは少し異なります。わかってできた方が、考えることができ、より「ことば」をはぐくむことができます。つまり、音声言語の「ことば」で説明できなくとも、内言語の「ことば」で考える機会が増えます。なんとなく集団でできている行動の意味を、園の先生に「ことば」も添えて、伝えてもらうという、ちょっとした工夫、ひと手間が大切です。

子育ての中の工夫

1 「ことば」と身ぶり・手ぶり・ジェスチャー

　子どもは「マンマ」、「ブーブー」、「バイバイ」、「ワンワン」など一語発話が出てくる前に、養育者を見つめたり、泣いたり笑ったりの発声や表情、指さしや身ぶり手ぶりと、たくさんの手段で周りの人たちとのコミュニケーションを楽しんでいます。幼児期のコミュニケーションもことばだけでおこなわれるのではなく、身ぶり手ぶりは、大事なコミュニケーション手段となっています。子どもはこれらを駆使して、「ことば」をはぐくんでいきます。Chapter 3 でも述べたように、「ことば」が出てくる前には、この身ぶり・手ぶり・ジェスチャーが「ことば」の役割を担っています。

　「ことば」に代わるコミュニケーション手段を、AAC（Augmentative and Alternative Communication: 補助代替コミュニケーション）と言います。日本では1980年代より言語聴覚療法や特別支援教育の中で、AACを用いた指導が始まりました。AACの指導に使われる教材は、写真、カード、サイン、シンボル、VOCA（Voice Output Communication Aid: 音声出力型コミュニケーション）などいろいろあります。

　養育者の中には、AACを使うとそれに頼り「ことば」が出なくなるのではと心配される方もいます。「ことば」に代わる方法を使って、自分が伝えたいことを伝えることができるようになると、まず発声量が多くなってきます。もっと、自分の思いを伝えようとするためです。ダウン症のある方は、聴くよりも見て理解することのほうが得意です。この特性を生かした方法

で、通所支援施設や特別支援教育の現場で使われているマカトン法を紹介します。

　マカトン法では、サインやシンボルを見せつつ話します。つまり、視覚的な情報と聴覚的な情報を同時に示してコミュニケーションをとっていきます。そのことでダウン症のある方は、話し手が伝えようとしていることを理解しやすくなります。「ことば」をはぐくむ上では、音声言語よりもまず、理解言語をたくさん育てることが大切です。身ぶり手ぶりなどを使ってコミュニケーションする場合は、必ず話し手と聴き手は向き合います。背中を向けている人に身ぶり手ぶりを使う人はいません。このことが話し手にとっても聴き手にとっても、コミュニケーション態度の基礎をつくっていきます。マカトン法を始めると、保護者から「私の顔をよく見てくれるようになりました」という報告を聞きます。これも良いコミュニケーション態度のあらわれです。このようにして、子どもの聴く構えが育ち、理解言語が育っていきます。

　マカトン法は、ことばやコミュニケーションに困難のある人々のために1970年代に英国で開発された言語指導法です。話しことばと共に、サインやシンボルを組み合わせて提示します。サインとは、手指による動作表現です。ジェスチャーのように個人が自由な表現をするものとは異なり、共通のサインを使用するので、サインを理解している人とのコミュニケーションが可能になります。シンボルとは、絵文字のような線画で具体的で見てすぐに理解することができます。また、伝えたいことのシンボルを指さしたり、見せたりして表出することができます。個人の発達やニーズに合わせた語彙を選び、その語彙のサインやシンボルを生活の中で繰り返し使うことでコミュニケーションをうながします。

　マカトン法の特徴は、大きく以下4つあります。

（1）核になる語彙が330語ある

（2）核となる語彙それぞれに対応するマカトンサインがある

（3）核となる語彙それぞれに対応するマカトンシンボルがある

（4）「ことば」とコミュニケーションの指導プログラムである

　マカトン法のサインは実際の物や動きを表しており、大人がことばと一緒に使うことで、子どもの理解をうながします。マカトンサインは子どもも覚えやすく使いやすいのでコミュニケーションがはずみ、言語発達をうながします。マカトン法は生活年齢や発達年齢を問わず、いつからでも始めることができます。日本には、1980年代に取り入れられ、日本マカトン協会が指導、普及しています。

2　「ことば」と見通し

　少し見通しをもつことができるようになると、自分の行動を調整しやすくなります。そして、もう少し先の見通しをもつことができるようになると、将来的には自立的に行動できるようになります。Chapter 3 で、「ことば」の役割には行動調整があると紹介しましたが、「ことば」の育ちと見通しは、とても関連しています。例えば、保育所の朝礼で、1日の予定を絵カードで示し、行動のたびに、次にやることを絵カードで確かめて過ごす方法を取り入れているところがあります。それを繰り返していくことで、今日は、午前はお部屋でリズム体操をして、給食を食べて、午後からは園庭で遊ぶなど、見通しをもって落ち着いて行動できるようになってきます。すべての子どもにとって、わかりやすい見通しの提示方法で、少し発達がゆっくりな子どもであればなおさらです。何より、気持ちを落ち着かせて今やっていることに集中しやすくなります。一つひとつの活動に集中することで、

その活動をしやすくなります。そして、その活動のおもしろさを知り、成長し、自信につながります。園庭で遊びたくて仕方がない子どもでも、午後から園庭で遊ぶことがわかっていたら、落ち着いて、午前のリズム体操をすることができます。これは自分の中で、午後になると園庭で遊ぶことができると見通しができているからです。

　ダウン症のある子どもは、音声言語より理解言語のほうが先に育っています。また、視覚的情報も理解しやすいです。一方、音声言語がわかっていても、短期記憶が苦手です。そのため、今後の予定や仮の話など、今、目の前にないこと、予想していないこと、その状況に応じていないことなどを聴いて頭にとどめておくことには慣れていません。最初は、絵カードなど視覚的にわかりやすい方法を活用しながら、少し先を見通して、予定を示すことで、見通しをもちやすくなります。見えないものを見えるようにしていくことです。これは、「ことば」をはぐくむ中で、「ことば」とともに、身ぶり手ぶりなどのジェスチャーで伝えるということと同じです。

　子どもが、児童発達支援センターや保育所、こども園などで平日を過ごし、休日は、家で一日過ごすようになってきたころ、「園ではおりこうさんにしているのに、土日になると、地団太ふんでいうことをきかなくなる」とよく耳にします。もちろん、子どもも平日がんばっているから、土日は家でリラックスして過ごしたいと思っているかもしれません。養育者のほうも十分わかっていますが、ときには他に、やらねばならない用事もあります。園では、上手に見通しをもたせてもらい、毎日の繰り返しの園生活で、予想して活動できているのでしょう。家でいうことをきかなくなるのは、子どもなりの理由があります。自分の「ことば」でそれを伝えにくかったり、身ぶり手ぶりで伝えようとしても、むずかしくてうまく伝えられないときが多いです。子どもが今やっていることを中断したくないのに、他のことを言われ、今やっていることがもうできなくなると考えます。先の見通しが見えると、今やっていることを中断しても、また、できるということが

わかって落ち着きます。

　家でもスケジュールをあらかじめ示して過ごすことで、このような場面がへり、子どもは見通しをもって過ごしやすくなります。もちろん、養育者も過ごしやすくなります。小さなホワイトボードに貼り付けられるように、写真や簡単な絵を使ったカードをつくっておくのもよいです。例えば、午前は家で過ごして、おひるごはんを食べて、買い物に出かけ、家でおやつを食べて、夕方には公園に行き、夕食を食べて、お風呂に入って、寝るという簡単な活動を、家→昼ごはん→スーパー→家→おやつ→公園→夕ごはん→お風呂→ベッド　のように写真や絵で示すだけでよいのです。子どもが育っていくと子どもの状況にあわせて、絵や写真カードから文字カードでスケジュールを示すようにしてもよいです。また、子どものお手伝い活動をスケジュールに入れ込んだりするなど、子どもと相談しながら、スケジュールを細かくしていくこともできます。家族のスケジュールもつくることで、子どもが家族のことを知ることができます。習慣にしていくと、成長とともに自分でスケジュールを立てるようになってきます。

　このように家でも、スケジュールなど見えないものを見えるようにすることで、落ち着いて過ごせるようになることが増えてきます。また、予定している活動の「見える化」は、ほめるための視覚支援でもあります。つまり、ほめる機会を増やすことができます。見えるスケジュールをつくることで、子どもが自発的に行動できる機会が増え、養育者と子が見えるスケジュールを共有しているため、子どもが自発的に行動できたことが、養育者も確認しやすくなり、ほめることができます。

　家での一日の生活の中で見通しをもつ一例を紹介しました。一日の見通しをもつことに段々慣れてくると、もう少し先のことも一緒にスケジュールを確認していくこともできます。その際、カレンダーを使うとよいです。就学前からカレンダーに慣れていくと、今日のこと、明日のこと、明後日のこと、1か月先のこと、見て予定を確認できます。ダウン症のある子ども

は、時間の概念をもつことが苦手な場合が多いですが、カレンダーであれば、わかりやすいです。明日と10日後の違いの時間感覚をもつことはむずかしくとも、カレンダーで明日と10日後では、10日後がずいぶん後であることは見てわかります。

3 「ことば」とお手伝い

　ダウン症のある子どもに限らず、お手伝いは子どもにとって以下の4つの嬉しいことがあります。

1） 大好きな人からほめてもらえる

　お手伝いが終われば必ず養育者から「ありがとう」、「良くできたね」、「すごいね」とほめことばが返ってきます。養育者が感謝を伝えると、そのときの達成感は「うれしい」「またやりたい」と自信がつきます。子どもは、自分に役割をもらえると嬉しいです。ほめてもらえると子どもは養育者から信頼されているという安心感をもつことができます。また、私はこれでいいんだという自己肯定感ももつことができます。

　はじめてのお手伝いは「お兄ちゃんに渡して」「ごみポイして」など、子どもが失敗なくできることから始めます。

2） 理解言語が育つ

　お手伝いをするとき、養育者からの「ことば」による指示を聞いて子どもは行動をおこします。例えば、養育者から「ごはんだから、みんなを呼んできて」と言われて、「ごはんだよ」と伝えにいくというお手伝いは、伝言ゲームと同じです。たとえ、子どもは「はん」というふうに話したとしても、子どもが話した「ことば」によって、相手が行動に移る変化や相手

の喜びを体験します。伝言した相手からの「ありがとう」で、話すことに自信をもちます。

　「～とってきて」のお手伝いは生活の中での名詞の理解言語を育てます。子どもが「ことば」だけでわからないようなら、「これだよ」と、養育者がとって見せます。何度かするうちにその名詞もわかるようになります。名詞だけでなく、「机の上にあるよ」などのように上下前後の方向や位置をさす「ことば」も、物と物との関係の「ことば」も理解できるようになります。「大きいほうちょうだい」とか「小さいほう取って」と、大小など量の概念をお手伝いの中で育てます。

3）手指のはたらきを育てる

　ダウン症のある子どもは、筋緊張が低く、瞬発力や持続力が弱かったり、微細運動や協調運動が苦手だったりします。しかし、細やかな運動が少しでもできるようになり、不器用さが少しでも改善していくと、結果として、「ことば」をはぐくんでいくことにもつながります。

　ダウン症のある子どもには、両手動作が苦手な子がいます。例えば、お絵かきのとき、ペンをもつ手の反対の手が、だらりと下に伸び、手で紙をおさえることを忘れがちです。両手動作が必要なお手伝いは、手指のはたらきをはぐくむよい機会です。例えば、食後の皿運び、クッキングのお手伝いには両手動作がたくさんあります。野菜を洗う、レタスをちぎる、トマトのへたを取る、バナナの皮をむく、ミカンの皮をむく、ハンバーグ生地やポテトサラダをポリ袋でもむなど、簡単にできる両手動作があります。もちろん、炊飯器のスイッチを押すなど、片手動作のお手伝いも大事です。気をつけねばならないのは、むずかしすぎるお手伝いで、結果として失敗してしまわないようにすることです。

　クッキングで盛り付けをお手伝いしてもらうこともよいです。例えば、ミニトマトを右手に1個左手に1個もち、「ひとつ、ふたつ」と皿にのせる

ことで、手指運動を促すことはもちろん、数の概念やボディイメージを育てることにもつながっています。加えて、クッキングのお手伝いは、食べることへの興味にもつながっていきます。

　買い物のお手伝いも手指のはたらきを育てます。もち運びのお手伝いをお願いするバッグは、毎回少し異なった重さです。それを感じながら、工夫してもち運ぶことになります。大事な食べ物を落とさないように、手指に力を入れてしっかりにぎり、どうやったらもち続けて運べるかと工夫しながら経験を積んでいきます。買い物をした一部を子ども専用の手提げ袋に入れて、運んでもらうお手伝いをお願いすることはよい機会です。このように、手や指での物の操作は「ことば」の土台である認知の発達につながっています。

4）記憶力、注意・集中力が育つ

　人から頼まれたことをやり遂げるためには、頼まれたことを記憶していなくてはできません。記憶するためには注意・集中力がはたらいていないとできません。さらに、お手伝いする中で、自分がお手伝いした結果、どうなっていくのだろうと注意を向けるようになります。これがこうなってその次にこうなってその結果こうなるのだと、順番や複雑な因果関係がわかるようになることにつながっていきます。

　日常のくらしの中でお手伝いをお願いできる場面は、たくさんあります。小さなことでも積極的にお願いしてみてください。そのときに大切なのは、失敗体験を少なく、成功体験を多くするようにする工夫です。養育者にとっては、生活の中で、お手伝いをお願いするより、自分がしたほうが早いと思う場面は多いです。しかし、「ことば」をはぐくむために、気長に、あせらず子どものお手伝いの成長を見守ってください。

4 「ことば」と本の読み聴かせ

　食べものがからだの栄養なら、絵本は心を育てる栄養です。また、イメージを育てるおもちゃです。子どもの"聴く構え"を育てることもできます。膝の上で読み聴かせるなど、スキンシップの機会にもなります。「ことば」の繰り返しや擬態語、擬音語や擬声語※などオノマトペを使った、リズミカルな音として楽しむこともできます。

　たくさんの絵本を読む必要はありません。「ことば」の土台をはぐくむ時期には、起承転結のある絵本よりも、月刊誌『こどものとも0.1.2』（福音館書店）のようにどこのページをめくってもイメージが一貫している絵本のほうが子どもは楽しめます。子どもが絵本の前から順番にページをめくらないと「ちゃんとめくって！」と言ったり、読んでいる途中で「これ何？」と子どもに聴いたりすることは、子どもがイメージを膨らませている最中に邪魔をすることになります。1対1で絵本を読むだけで十分です。「上手に読めないから」と、しりごみする必要はありません。養育者の声が子どもの心に届き、その声に子どもが包まれる体験が大切で、コミュニケーションを深める素敵な時間になります。

　読み聴かせをしましょうと思っても、子どもはめくってばかりという時期が、どの子にもあります。パラパラと絵本の紙を触った手の感じ、自分でめくることで次々と絵が変わる楽しさ、子どもは絵本というおもちゃを触って楽しんでいます。そのとき、子どもが本をめくるのを一緒に楽しみ、出てきた絵を指さしながら「くまさんだね」とか、話しかけると良いです。その本に書いてある文をちゃんと読まねばということはありません。読み

※擬態語：きらきら、つるつる、ぐちゃぐちゃ等、音ではなく何かの動きや様子をあらわすもの
※擬音語：ざあざあ、がちゃん、ごろごろ、どんどん等、自然界の音や物音を表すもの
※擬声語：わんわん、ブーブー等、人や動物の発する声を表すもの

聴かせを続けていると、ページをめくるスピードが落ちて、お話を聴くようになってきます。絵本というおもちゃをゆっくり楽しんでください。人の話を聴いて、わかるというのは、「ことば」をはぐくむ上でとても大切な力です。

　子どもは養育者との絵本の読み聴かせの時間が大好きです。「もういっかい」と言えなくても、指を１本たてたり、それができなくとも顔をのぞき込んだりと、もっと読んでもらうことをせがみます。そのときは、もう１回読んでください。さらにもっと読んでとせがんできたときは、「明日また読んであげるよ」と言っておしまいにします。これを毎日続けていると、明日読んでくれることがわかり、未来を信じることができる力もついてきます。明日読んでくれるということがわかることはとても大切です。

１）どんな絵本が良いでしょうか？

　絵本の文章が長すぎたり、ページ数が多かったりというように、その子にあっていない場合がないように、その子にふさわしい絵本を選ぶことが大切です。その際には、次のことを参考にしてみてください。長年、読み聴かせをすすめてきた経験から、多くのダウン症のある子どもや養育者が実践しています。

　絵本の作者名が書かれていることを確認してください。〇〇先生監修というような作者がよくわからないものよりも作者名がきちんと書かれている絵本がよいです。また、絵本の最後のページに書いてある初版の年を確認して、長い間、読み継がれている本は、一度、手にしてみてもよいかもしれません。例えば、1960年代が初版で、今でも書店の絵本コーナーに表紙がみえるようにおかれている本は、50年以上、読み継がれてきたということです。長年、読み継がれてきた本は名作で、年代をこえた大切なメッセージが含まれています。また、１冊の本の中に、物語、しつけの話、ゲー

ムと盛りだくさんな本は、読み聴かせ用としては、どちらかというと向いていません。表紙から終わりまで1つのテーマでつくられたもののほうが、子どものイメージがこわれずにふくらんでいきます。

2）読み聴かせのときの姿勢、読み方

　膝の上でも、抱っこでも、話し手の前の椅子に座っても、寝転がってでもどんな姿勢でも大丈夫です。どの姿勢も子どもとの距離が近く、声が届くところで心地よく聴いている場所が最適です。

　"ゆっくり読むこと"に気をつけることが大切です。そして、本の中の文章だけでなく、最初の表紙から最後の表紙まで読むようにもしてみてください。表紙から読むことで、読み聴かせの始まりの合図となり、どんな内容だろうとわくわくとしてきます。たいてい表紙の絵は、内容を想像できる絵になっています。最後の表紙を読むことで、読み聴かせの終わりの合図となり、読み聴かせてもらった内容を頭の中で振り返る時間にもなります。

　私は読み方が下手なので、アプリを利用するなど、プロの人が読んだものが良いと、思う人もいるかもしれません。しかし、上手に語ってくれるかもしれませんが、一方的に聴こえてくるだけで、コミュニケーションはできません。例えば、子どものうなずきや、話し手へのジェスチャーなどに合わせて、話すことを少しとめて、微笑みあったりするなどできません。絵本の読み聴かせの大切なことは、子どもは聴くだけでなく、話し手（養育者）とコミュニケーションができることです。

　読み聴かせている途中で、絵を指さしして話し手にたずねるようなしぐさをしたり、子どもから「これは？」とか「なに？」と聞いてくることがあります。このときは必ず答えてあげましょう。知っているものでも聴いてくることもあります。「知ってるでしょ」と答えてしまっては子どものイメージはこわれ、せっかく本の世界を楽しんでいたにもかかわらず、現実

の世界に引き戻されてしまいます。子どもは、話し手との間に絵本を介して、コミュニケーションを楽しんでいます。子どもからの質問には答えるけれど、大人からはテストのようなことをしないことが大事です。

3）兄弟姉妹がいる

　一人に読んであげたいけど、読んでいると他の兄弟姉妹がやって来る、どうすると良いかと、たずねられることがあります。複数の子どもに向けて読むとき、絵本は一番小さい子に合った絵本を選びます。子どもは目から絵が入り、耳から「ことば」が入る中で、その子どもの年齢に合ったそれぞれのイメージを描きながら読み聴かせを楽しんでいます。

4）図書館の活用

　図書館を子どものときから利用することで、本に慣れ親しむことができます。子どもにとっては、たくさんの絵本、大型絵本や紙芝居などに出会うことができます。本がたくさんある建物の雰囲気自体を味わうことは、貴重な経験です。また、公共の物は大切に扱うという社会勉強の機会にもなります。図書館で借りてとても喜んだ本を、誕生日やクリスマスのプレゼントにもらうことは嬉しいものです。

　読み聴かせは、幼児期から習慣としておこなっていると、中学生、高校生になっても、楽しい時間として待ち望んでいる子どももいます。幼児期に読んでもらった絵本を小学生、中学生になってから読んで楽しむこともできます。読んでもらった情景を思い出したり、そのときとは異なった感性で理解したりします。もちろん、幼児期になかなかできなかった場合でも、本の読み聴かせは、思い立ったらいつからでも始めても大丈夫です。

子どもが成長してくると、大人のかかわりを望まなくなる時期があります。そんな時期でも、子どもが本を楽しみたいとき、図書館はとても良い場所です。2019年に「視覚障害者等の読書環境の整備の推進に関する法律」（通称：読書バリアフリー法）が施行され、読書環境において、障害の種類や程度に応じた配慮を進めるようになってきています。図書館によっては自分が読みたい本を読む支援をしてくれる代読ボランティアの制度も広がりつつあります。このような制度も活用できます。

　おもちゃは子ども同士で遊べますが、読み聴かせは大人としかできない遊びです。そして、読み聴かせで何よりも大切なことは、大好きな人の声が子どもに届くということです。大好きな人の声に包まれ、声や「ことば」でかわいがられます。絵本の話を聴いて、イメージの世界を育てるということは、「ことば」の土台です。読み聴かせに5分もかかりません。1日1冊、絵本の読み聴かせを楽しんでみてください。

参考文献

Chapter 3
- 中川信子『発達障害とことばの相談─子どもの育ちを支える言語聴覚士』小学館、2009.

Chapter 4
- 一般社団法人日本耳鼻咽喉科学会学校保健委員会『学校保健での音声言語障害の検診法』日本耳鼻咽喉科学会、2012.
- 大伴潔「障害と言語発達」心理学評論、2006;49(1):p140-152.
- 林安紀子「音声知覚の発達」音声言語医学、2005;46(2):p.145-147.
- Carney, D. P. J.; Henry, L. A.; Messer, D. J. et al. Using developmental trajectories to examine verbal and visuospatial short-term memory development in children and adolescents with Williams and Down syndromes. Res Dev Disabil. 2013;34(10):p.3421-3432.
- Grieco, J.; Pulsifer, M.; Seligsohn, K. et al. Down syndrome: cognitive and behavioral functioning across the lifespan. Am J Med Genet C Semin Med Genet. 2015;169(2):p.135-149.
- Kent, R. D.; Vorperian, H. K. Speech impairment in Down syndrome: a review. J Speech Lang Hear Res. 2013;56(1):p.178-210.
- Korlimarla, A.; Hart, S. J.; Spiridigliozzi, G. A.; Kishnani, P. S. "Down Syndrome". Cassidy and Allanson's Management of Genetic Syndromes. Carey, J. C; Cassidy, S. B.; Battaglia, A.; Viskochil, D., ed. Wiley-Blackwell, 2020, p.355-388.
- Newton, R. W.; Marder, L; Puri, S.C. Down Syndrome Current Perspective. Mac Keith Press, London, 2015.
- Næss, K. B.; Lyster, S. H.; Hulme, C. et al. Language and verbal short-term memory skills in children with Down syndrome: a meta-analytic review. Res Dev Disabil. 2011;32(6):p.2225-2234.

Chapter 5
- アブラハム・マズロー『人間性の心理学』小口忠彦訳、産能大出版部、1987.

Chapter 6
- 池田由紀江、菅野敦、橋本創一『新 ダウン症児の言葉を育てる─生活と遊びのなかで』福村出版、2020.
- 厚生労働省「授乳・離乳の支援ガイド(2019年改定版)」、2019、p.30-31.
- 佐藤曉『発達に課題のある子の保育の手だて』第2版、岩崎学術出版社、2012.
- 玉井邦夫『ふしぎだね!? 新版ダウン症のおともだち』ミネルヴァ書房、2019.
- 玉井浩、里見恵子『ダウン症児の学びとコミュニケーション支援ガイド』診断と治療社、2016.
- 田村文誉、水上美樹『ダウン症の子どもの摂食嚥下ハビリテーション』医歯薬出版、2021.
- 徳田克己、水野智美監修『知的障害／発達障害のある子の育て方』講談社、2020.
- 中川信子『発達障害とことばの相談』小学館、2009.

- 西本裕紀子「先天異常症候群児の栄養管理―ダウン症候群児を中心に」臨床栄養、2016; 129(5): p.676-680.
- 西本裕紀子「染色体異常を有する児への対応」日本小児医療保健協議会栄養委員会小児肥満小委員会、幼児肥満ガイド、2019、p.72-77. 2019youji_himan_G_ALL.pdf (jpeds.or.jp)
- 三島和夫編『睡眠科学―最新の基礎研究から医療・社会への応用まで』化学同人、2016.
- 山崎嘉久、今本利一、植田紀美子『気になる子どもの保育の基本　あい・あい保育向上プログラム』診断と治療社、2015.
- 山根希代子『子育ての根っこ』合人社グループ出版局、2018.
- Newton, R. W.; Marder, L; Puri, S.C. Down Syndrome: Current Perspective. Mac Keith Press, London, 2015.

Chapter 7
- 松田祥子監修、磯部美也子編著『マカトン法への招待』日本マカトン協会、2008.
- 山根希代子『子育ての根っこ』合人社グループ出版局、2018.
- 横山浩之『乳幼児の発達からみる保育"気づき"ポイント44』診断と治療社、2014.

Part 3

お役だち情報

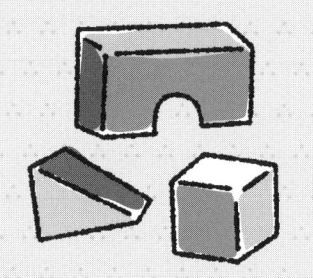

Chapter 8

コミュニケーション能力を伸ばす取り組み事例

　言語聴覚療法（以下ST）などの言語指導は、多くても週1回、大体は月に1〜2回の頻度です。成長するにつれ、例えば、学期ごとに1回など、頻度も減っていきます。STの場面だけで練習していても、日々のコミュニケーション能力が上がるわけではありません。練習したことを生活の場で繰り返し実践していくことで、子どもの「ことば」の土台を頑丈にしていき、コミュニケーションの力がついてくると思われます。この章では、STの現場で、家庭や保育所など生活場面での取り組みについてどのようにアドバイスをしたか、そして、どのようにご家庭で取り組まれて、「ことば」をはぐくんでいかれたかをご紹介します。

　「ことば」の育ちの道筋は、子どもによって、それほど大きな違いがあるわけではありません。ただ、ダウン症のある子どもの「ことば」の育ちはゆっくりです。知的障害や自閉スペクトラム症の程度によっては「ことば」の獲得がむずかしい場合もあります。その子どもの「ことば」の育ちに応じたSTをおこなうことがとても大切です。また、運動発達と大きな関連もあります。例えば、低緊張で姿勢の保持ができないと、遊び続けたり、ものを見続けたりすることがむずかしくなります。このような場合は、まず、遊びやすい姿勢をつくること、例えば、椅子の座面横にタオルなどを詰めて骨盤を支える、おなかの周りを布などで巻いて体幹を支えるなど、姿勢を保ちやすいようにする工夫が重要になってきます。このように、その子どもの「ことば」やからだの状況の両方をよくみてSTをすすめていきます。

次から、ST場面で、子どものコミュニケーション能力の状況からどのように指導をしているかをチャートにそって簡単にご紹介します。ご家庭での取り組みの参考にしてください（図表8）。

図表8）コミュニケーション能力に応じた関わり
　　　　［ST（言語訓練）での取り組みの目安）］

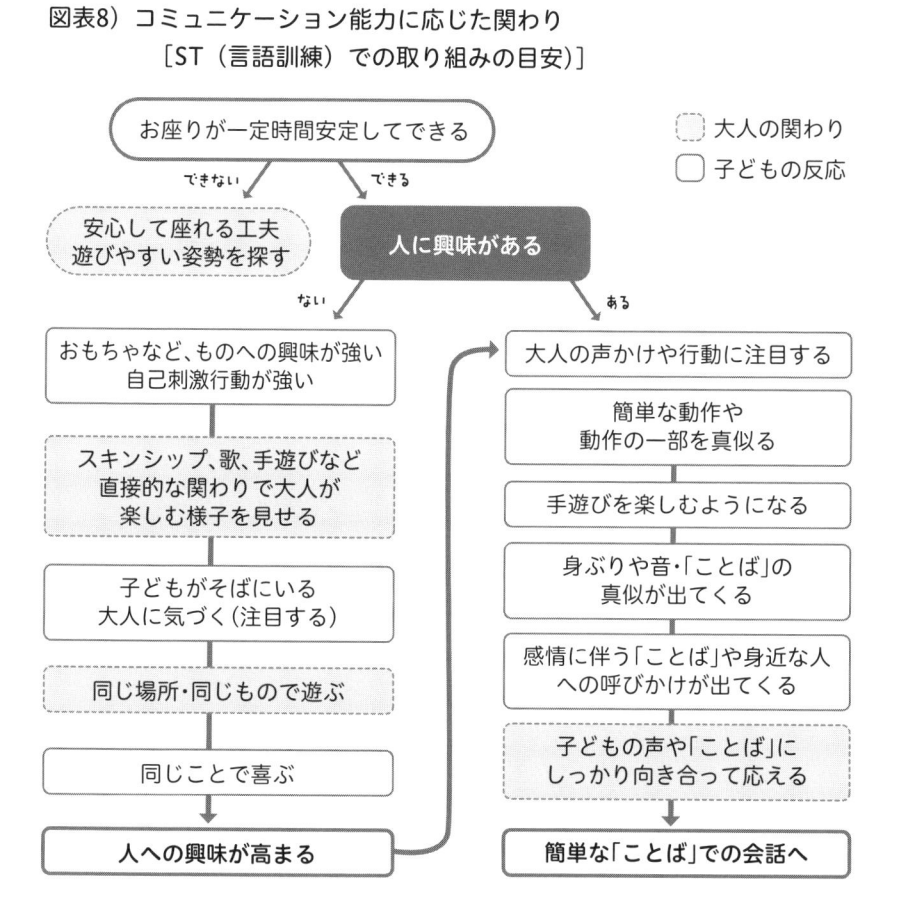

> **CASE 1** 声に興味をもち、
> お母さんを認識していったAさん

　離乳食を始める 6 か月ごろ、与え方がわからないと ST に相談にこられました。生後すぐに心臓の手術があり、幸い手術が成功し、退院しました。A さんは第 1 子の上、ダウン症があったので、お母さんは、どのように遊ぶかもわからず、その上、心臓の手術をした後なので、家族は、からだを動かしてはいけないのではと考えていました。ST に来られたときは、反応の弱い赤ちゃんでした。離乳食では形状はゆっくりと段階をすすめ、少量からでも始めて、食べる練習をしていく大切さをお伝えしました。さらに、食べることと運動することはつながっていることをお伝えし、声かけしながら、ゆらゆら遊びをしたり、赤ちゃんの声や少しの表情の変化を見逃さず、声をかけたり、スキンシップをしていくことを一緒におこないました。おむつ替えのときは、やさしく肌を触って「きもちいいね」と声かけ、気持ちよさそうにしていたら、こちょこちょ遊びをしてみたらと紹介しました。家でも実践され、2 週間後に ST に来られたときは、「赤ちゃんの反応はかわいくて、楽しい。ちゃんと、私のことをわかっているなと、とっても感じます」と報告してくださいました。

● 人に興味をもつようになってきたら

　ダウン症の赤ちゃんが生まれてしばらくの間、おとなしく、寝てばかりいて大丈夫でしょうか、とよくきかれます。赤ちゃんが目覚めているときは、こちら側に注意を向けさせるようにしながらしっかりと声かけしたり、スキンシップをすることが大切です。「こちょこちょ」と声かけながらくすぐったり、「ゆーらゆーら」と歌いながら、やさしく揺らしたり、「たかい、たかーい」と目を合わせながら、しっかりとかかえて抱き上げたり、と声を聴かせ、同時にからだにはたらきかけることで、赤ちゃんは、相手

により興味をもつようになってきます。しばらくすると、機嫌のよいとき、「アー」「ウー」と声を出します。このときに、「きもちいいね」「おなかいっぱいね」と、応えてください。赤ちゃんの声でなくとも、少しの表情の変化、目線、手や足の動きなど、赤ちゃんの発信を見逃さずに応えることで、どんどん人に興味をもつようになります。ダウン症のある赤ちゃんは、反応が弱かったり、表現が乏しかったりする場合が多いので、見逃さずにいることがとても大切です。そうすることで、まずは、大好きな特定の大人の声かけや行動に注目するようになってきます。

CASE 2 「ことば」（音声言語）が芽生え始めたBさん

「最近、喃語でたくさん話すようになったけれども、何を言っているのかまったくわかりません。どうしたらよいですか」とお母さんから相談がありました。3歳のBさんです。つい最近まで、声を少し発するだけだったのですが、児童発達支援センターに通うようになり、喃語でたくさん伝えてくれるようになりました。本人は、いたって真面目に頭で伝えたいことを考え、彼なりの「ことば」で伝えています。コミュニケーションは、子どもが伝えたことが、相手に伝わったということを子どもがわかることで成立し、子どもは満足します。「なんとなくそれらしく言っているなと思われるときはそのように受け取り、応えてください。また、しっかりと聴く態度で耳を傾けてください」と、お母さんに話しました。また、身ぶり手ぶりやサイン、ジェスチャーを使うことで伝達できることもあるので、「ことば」だけでなく、身ぶり手ぶりやサイン、ジェスチャーを添えることもすすめました。その後、家でお母さんは、わかる部分を繰り返して話したり、うなずいたりしながら、聴くように心がけました。お母さんが、子どもの言っていることを身ぶりで確認するようになると、子どもが同じジェ

スチャーを使うようになり、お互いがわかり合える状況が増えたようです。「喃語で長く話すときは、まだ、わからないことが多いけど、ゆっくり、短く話して、と私が例を示してお願いすると、2、3語文くらいの喃語で話してくれ、子どももそうしたほうがわかってもらえると気づきはじめている感じです」と報告してくれました。だんだん、子どもの話がわかるようになっても、しっかり子どもの話を聴き、ジェスチャーを使いながら話すことを続けることで、さらにコミュニケーションが盛んになると、お母さんに伝えました。

CASE 3　動作模倣が盛んになってきたCさん

　3歳のCさん。春から保育所に通うようになって手遊び歌が大好きになった子どもです。保育所では、率先して、手遊び歌を大きな声で歌いながら、身ぶり手ぶりを楽しんでいるようです。Cさんは、普段は、有意語程度で、2語文を十分に話していませんが、手遊び歌は、Cさんなりの歌い方で、歌っています。自分で話すことは、考えて「ことば」にするステップが必要ですが、歌真似は、聴いたことを模倣していて、歌いやすいためです。うまく「ことば」で伝えることができないCさんにとったら、声に出して歌うことはとても自信につながります。また、手遊びができるということは動作模倣ができるということなので、その他のジェスチャーやサインも真似できるように、家でも身ぶり手ぶりを交えて話してもらうようにすすめました。次第に音の模倣も増えてきて、自分の感情に伴う「ことば」は出てくるようになりました。「うん」「とう（ありがとう）」「って（とって）」「いや」「あいあい（ばいばい）」など、家だけでなく、STの場面でも上手に使うようになってきました。うまく言えないときには、手が出てしまうことは悩みとして残っています。叩かれたりつねられたりしたときには、セラピス

トは知らんふりをしてやり過ごします。派手に反応すると余計に手が出てくることがあります。ご家族にもこのような対応の仕方を伝えています。

● 真似をするようになってきた子ども

　子どもが人に興味をもち、真似をするようになってきたときも、ST指導のターニングポイントです。真似というのは子どもが興味のあることや、おもしろいと思ったことに対してするものです。無理やりに真似をさせようと思ってできるものではありません。真似をするようになった子どもは、大人の声かけや行動にとても注目するようになります。そのときは、「ことば」をはぐくむよい機会です。声の真似は、まず、子どもの「アーアー」「アーウー」をこちらが真似すると、それに反応するように、また、子どもも「アーウー」と、一緒に真似をするようになります。また、「ことば」の繰り返しや擬態語、擬音語や擬声語などのオノマトペは、リズミカルで、子どもにとっては楽しく、真似したいと思う「ことば」です。積極的に使ってやり取りを楽しんでください。例えば、遊びの中でも、「おつむてんてん」とグーをして頭をポンポンとすると、子どもにとっては、「ことば」の響きと、動作がマッチして、真似しようとします。まずは、動作の真似をし、一緒にあそび、歌う中で、自然に「ことば」を真似しようとしてきます。日常生活の中でも、真似を通じて、「ことば」の意味理解を深める機会があります。「ありがとう」「ばいばい」などは、とてもよい例です。毎日、「ことば」と行動で子どもに示すことで、いつの間にか、お礼をいうとき、「とう」とお辞儀をし、さよならのタイミングで手を振るようになります。真似を通じて、コミュニケーションを深

め、「ことば」を理解するよい機会になります。

 CASE 4　重度の知的障害と自閉スペクトラム症のあるDさん

　自閉スペクトラム症のある子どもで人への興味をもってくれない中で、知的障害が重い場合、自分にとっての特定のもの以外の他のものにも興味がなかなか向かず、自己刺激をして時間を過ごすことがあります。Dさんもそのような子どもでした。食事を丸のみしてしまうので、かんで食べるようになってほしいとSTに来たのは、小学校4年生のときでした。Dさんは、自分が欲しいものがあると、お母さんの手をつかみ、欲しい物に手をもっていっていました。セラピストとコミュニケーションが取れず、なかなか心を開いてくれませんでした。食べることは嫌いではありませんでしたが、固形物を提供しても、一口で飲み込んでしまい、かむことをほとんどしませんでした。セラピストがかませようと試みても、まったくうまくいかず、拒否の態度ははっきりと出していました。無理に固形物をあげても、窒息の恐れがあり、リスクが高いです。

　STでは、食べ方の指導よりも、まずは、大人とコミュニケーションが取れるようになることに優先して取り組むことを、お母さんにも納得してもらい、信頼関係づくりから始めました。歌ったり、本を読んだり、Dさんの興味を引くことを探しました。お母さんには、柔らかくて少し大きめのものや口の中ですぐに溶けるスナック菓子のようなものを家であげてもらい、口の中に食べ物が少しでも残るようにし、少しかまないと飲み込めないというように工夫をしてもらいました。セラピストのやることに興味をもったり、一緒にやるようになったころ、STの場面でも家で練習している食事をもってきてもらい、かみ方の指導をし始めました。STを始めて2年ぐらいして、ようやくソーセージを数回かんで食べるようになりました。

お母さんも地道に努力しました。

　Dさんが、セラピストを自分にかかわる大人として認識してくれたことが、提供する食べ物や、やり方を受け入れてくれるようになった大きな理由だと思います。初めて出会ったのが小学4年生だったからかもしれませんが、時間がかかりました。咀しゃく機能に関しては、幼児期からしっかり引き出していかないと、大きくなってからでは身につくのは一苦労です。何よりも食事場面は、ただ食べさせるだけでなく、味や食べる楽しさを共有し、「おいしいね」「たのしいね」ということを感じられる場にしてほしいと思います。Dさんは、かむことで、そのおいしさを少しわかったように思います。

● 自閉スペクトラム症のある子ども

　ダウン症のある方の7〜19％に自閉スペクトラム症を合併するといわれています。スペクトラムというのは、症状などが、連続していることです。そのため、同じ自閉スペクトラム症といっても、症状が幅広くそれぞれです。ダウン症の特性もあります。その子どもの特性をしっかりと見きわめることには変わりありません。ものには興味を示し、人にあまり興味のない子どもも、特定の大人と遊ぶことが楽しいとわかると、その人のことが好きになり、一緒に遊ぶことがさらに楽しくなっていきます。少し時間がかかっても、まずは、養育者、身近な大好きな大人とのかかわりを深めることは、人に興味をもつきっかけになります。子どもを楽しまそうと思う前に、まずは、大人自身がその遊びをほんとうに楽しいと思ってやっているとその気持ちが伝わります。ここは「ことば」だけでなく、表情や身ぶり手ぶりを少し大げさにして、楽しさを伝えてみましょう。人にあまり興味のない子どもは、感情を出しにくい場合も多いです。思いっきり子どもの感情を揺さぶってみましょう。

よく話すが発音が不明瞭なEさん

　音声言語が芽生え、たくさん話すようになってきたけれども、発音が不明瞭なため、伝わりにくい子どもがいます。小学校に入って、たくさんお友だちもでき、よく話すようになる一方で伝わりにくいことを経験することもあります。Eさんは、伝わりにくいことを自分で気づき、お母さんが、どうしたらよいかとSTの場面で相談されました。Eさんは、3歳からSTに通っていました。伝えたい気持ちや理解言語をはぐくむこと、身ぶり手ぶりを使うことを家でもしながら、「ことば」をはぐくんできました。不明瞭な「ことば」でしたが、音声言語の幅を広げていくには、不明瞭さよりも「ことば」のやり取りの楽しさを重視してSTをすすめていました。Eさん自身が、お友だちとの会話の中で、自分の「ことば」に意識を向けるようになり、お友だちにわかってもらいたいとお母さまに訴えたことは、構音への指導ができるちょうどよいタイミングでした。まずは口腔運動を確認しました。舌の動きが鈍いこともあり、家でできるような舌の運動や、基本となる母音の発音練習をすすめました。硬いものをしっかりかむことも舌の動きをよくするために有効なので、食事の見直しも進めました。家庭では時間を取って練習することはなかなかむずかしいので、歯磨きのときにうがいをする、食事に硬いものを1品入れるなど、生活の中で実践しやすいことをおすすめしました。何よりEさん自身からの申し出で始めたST実践だったので、Eさんはとても意欲的に家での取り組みをしました。4年生になるころ、不明瞭さは残りますが、絶対伝えたいと思っている話は、Eさん自身がゆっくり、はっきりと話すように自然と心がけるようになりました。

● 発音が不明瞭な子ども

　年齢が高くなると、「ことば」が出てくる子どもが多いです。しかし、話

し方が早かったり、口が十分動いていないために発音が不明瞭なこともよくあります。音と音の違いの理解がまだ十分に育っていない子どもは、無理に不明瞭さを正さなくともよいです。ダウン症のある子どもは、音と音の聴きわけ、つまり、音韻理解が苦手であることが多いです。指摘されている音の違いがわからず、なんだか怒られている気になる子どももいます。話し手は、ゆっくり、はっきり、短く話すことを続け、子どもなりの「ことば」でたくさん話す機会をつくってみましょう。

　十分に口が動いていない子どもの場合は、「ゆっくりいってね」というだけで、わかりやすくなる子もいます。音そのものがゆがんでいたり、他の音に置き換わっていたりするときは、まず、口の動きを確認します。舌が動きにくいなど具体的なむずかしさがあるときは、せんべいを唇につけてとるなど舌を使う練習をします。家では、好きなおやつを食べるときに、ついでに舌先を使うようなやり方を考えたりします。

 CASE 6　字が書けるけれど、発音が不明瞭なFさん

　小学4年生のFさんです。おしゃべりが好きでたくさん話してくれますが、話すスピードが速く発音が不明瞭でした。Fさんは、乳児期からお母さんが絵本の読み聴かせをしていました。最初は、絵ばかりみて、お母さんの声に聴き入って絵本を楽しんでいたのですが、絵本にある文字を見つけ、お母さんが読んでいることに気づき、文字に興味をもったようです。また、1つ上のお姉ちゃんがいることからも、就学前に、お姉ちゃんの横に座って、一緒にひらがなの読み書きを練習していました。自分の「ことば」で話すことはままならないのですが、小学校の教科書は、字が読めるので、堂々と音読をしていました。想起して話すのは苦手ですが、字を読むことは上手にできるので、自信につながっています。Fさんには、自分が話している

ことばを意識するためにノートに書くことをすすめました。

　日記風に、今日の出来事、楽しかったことを書く練習をしました。これは家でも継続してやってもらいました。一回に１文でもよいので、あったことを思い出し、それを文章化すること、書いたものを一緒に読むことを繰り返し練習します。最初は、助詞や濁音（「゛」がつく文字）、半濁音（「゜」がつく文字）、促音（っ）などは、気にしなくてもよいです。長い文は、難しくて、いやになったりするので、できるだけ短い文を書くようにします。

　また、短い詩をゆっくり読むことも練習しました。家では、教科書に載っている詩を読むことをおすすめしました。Ｆさんにかかわる大人にも短い文で話すように心がけてもらいました。最初は、お母さんが一日あったことをＦさんにたずねたり、学校の連絡帳を見ながら、Ｆさんの一日の記憶を引き出すお手伝いをしたりしながら、Ｆさんは日記を書いていました。毎日の習慣になってくると、お母さんが一日のことをたずねようとすると「しーっ」といって、自分で書くようになり、書いた日記をにこにこしながらお母さんに見せるようになってきました。お母さんは、日記を読むことを楽しみにして、その内容から、Ｆさんとのコミュニケーションもさらに深めることができるようになったと、報告してくれました。

● 文字を書ける子ども

　文字を覚えている子どもでは、文字と音をマッチングさせていくことも練習します。50音すべての文字を覚えていなくてもよいです。読める文字をまずは調べて、その文字を中心に、身近にある日常生活で使うような名詞を使って、最初は、カードを使いながら文字と音を学習します。２文字くらいの名詞から始めることが簡単で自信につながります。このような学習は学校でも取り組みやすいので、時間をつくって取り組んでもらうとよいでしょう。

　大人からの話しかけはゆっくり、はっきりと、音のつながりとしてのこ

とばを認識できるように話してもらいます。1文字を意識しながら読み上げ、さらに、単語のまとまりとしても読み上げるということをし、文字と音ともの（絵）を一致させることをゲーム感覚で楽しみながらすると取り組みやすいです。少しずつ、自分でカードを見ながらあてっこのように読むようになってきます。これを継続的にやっていると、文字に興味をもち、例えば、「ね」と「こ」のそれぞれの文字カードから「ねこ」と単語をつくるような遊びを展開していけるようになります。忘れてはいけないのは、文字と音を一緒に提示して、読み方を学ぶことが「ことば」につながるということです。横で一緒に遊べるときは、必ず声を出して子どもの記憶に残るようにします。読める文字があり、単語を読むことで、自分で想起していう「ことば」を言おうとする自信につながり、話す「ことば」が増えていきます。

　この段階になると教育的なかかわりが必要になってきます。それでも、学校の授業のように、家でも形式ばってすると子どもはいやがる場合があります。このような場合は、子どもの好きなテレビ番組やキャラクターなど興味のあるものを引用して、楽しみながら書くという工夫も必要です。将来的には、文章が書けるようになると、簡単な日記をつけてみるのもよいでしょう。言語表出が苦手で時間を要する子どもにとって、日記は自分の気持ちを余裕をもって出せるところです。短い時間でいいので、毎日少しずつ練習することが大事です。

話すことに自信がもてないGさん

　話すことはある程度できるけれど、自分に自信がもてない子どもがいます。このような子どもは、家では話すけれど、学校や知らない人の前では話さないということになります。

小学2年生のGさんは、児童発達支援センターに2年間、母子で通園し、年長から地域の保育所にいき、地域の小学校の特別支援学級に入学しました。児童発達支援センターでは、活発に活動し、音声言語を比較的早くから使っていました。保育所ではお友だちとも交流しながら問題なく集団生活を送っていました。小学2年生になったころ、学校ではほとんど話さないのですが、家ではいかがですか？　と、担任の先生からたずねられたお母さんが、家ではよく話すのにどうしたらよいのかわからず、とても心配になりSTに来ました。STの場面でもはじめはなかなか話してくれませんでした。まずは、仲良くなって、楽しく時間を過ごすことから始めました。慣れてきたら、Gさんの得意なものを見つけ、それをきっかけにGさんをほめる場面をたくさん設定しました。Gさんは、絵本が好きでした。文章が短く興味のあるキャラクターが出てくる絵本を一緒に読みます。1単語でも上手に読めたら、うんとほめて、自信をつけていきました。セラピーを繰り返すうちに、部屋に入るなり好きな本をとり、一緒に読むことをせがむようになりました。上手に言えたと思ったときは、Gさんは、ほめてもらうことをあたかもせがむように、セラピストの顔を見るようになりました。声に出して、大げさにほめることを繰り返していきました。Gさんは、よく周りを見ていて、小学校の他のお友だちの話し方や自分の「ことば」への反応を見ます。学校で話すように無理強いせず、話すことに自信をつけてもらうことを大切にしました。

● 自己肯定感が低い子ども

　自己肯定感というのは子どもが育っていく上でとても大事です。自己肯定感とは、文字通り、自分のことを肯定的に思えることです。自己肯定感が高い子どもは、物事に挑戦したり、たとえ失敗しても再度チャレンジしようとしたりと、さまざまな困難や課題を乗り越える力をもっています。「ことば」をはぐくむ上でも、自己肯定感はとても関係します。自分のことに

限らず、同様に周りの人のことも肯定的にとらえることができるため、コミュニケーション能力が高くなります。話すことに限らず、自分はこれができる、ということが一つでもあれば自信をもって社会に出ていくことができます。自己肯定感を高めるためには、小さいときから、できていることをしっかり認めて、しっかりほめることが、かかわる大人にできることでしょう。たとえ、失敗してできなかった場合でも、がんばった過程を認めてほめることも大切です。また、そのようなほめる機会を増やすには、子どもに選択させて、子どもに決定させることを大切にしてください。少しでもチャレンジしているところを見つけて、子どもの自信を育てましょう。

まとめ

　子どもたちのコミュニケーション能力を伸ばすために、乳幼児期からいろいろなかかわりが大事だということをお話ししてきました。かかわり方は一つではありませんし、家族の状況によっても変わってきます。できる範囲で、子どもの好きなことを見つけていきましょう。

　お母さんやお父さん、兄弟姉妹が好きなことを一緒にするのもおすすめです。スポーツ、音楽、絵画など、一緒にやっているうちに、好きなこと、得意なことが見つかると思います。好きなことは長く続けられるので、技術が必要なものは上達していきます。

　子どもたちは毎日何かを吸収していきます。毎日の「ことば」かけ、遊び、生活動作の一つひとつが子どもの「ことば」に結びついていきます。そして、好きなことを精一杯することで、豊かな心と「ことば」が育っていきます。

　最後にHさんのことを紹介します。
　Hさんは現在24歳のダウン症のある男性です。私の友人の初めての息子

で、生後すぐにダウン症の診断を受けました。はじめは、両親がダウン症のことを知りたいということで、専門職として読みやすい本を探して提供しました。また、私の知る限りの知識は伝えました。

　Hさんは心臓に病気があったので、ミルクがしっかり飲めない、疲れやすくて長く遊べないなどの難しさをもっていました。その時期は無理せず、できるだけ体力をつけていくことを考えていました。特に、からだが柔らかかったので、安定して座れるような工夫を伝えました。伊達締めをおなかに巻いて、おなかの筋肉を助けると座りやすくなりました。さらに、前にはテーブルを置いて、少しもたれられるようにしたり、足裏がしっかりと床面につくように椅子の高さを工夫しました。安定して座ることができるようになると、手を使う準備ができるので、手を使って遊ぶことが多くなりました。口周りの筋肉も弱かったので、しっかりかむこともすすめました。

　さいわい、心臓の手術がうまくいって、その後は本当に元気になりました。そのころから療育園にも通いはじめ、Hさんはめきめきと成長しました。私は専門職というよりは一人の友人として、Hさんの成長を見守っていくようになりました。両親が活動的な方たちであったため、Hさんがさまざまなことを体験できるように、いろいろな活動をしていました。年長からピアノを習い始め、毎年の発表会を経て、今ではショパンの「ノクターン」が弾けるくらいに上達しました。

　レスリングも習っていました。これも大会で優勝するぐらいに強くなっています。その他にもキャンプに行ったり、スキーをしたり、いろいろな野外活動を楽しんでいます。彼自身は、いろいろなスポーツも好きですが、映画を見たり、ミュージカルを見たりというインドアの活動も大好きです。一緒にミュージカルに出かけることもあります。そんなときは簡単な「ことば」ですが、「おもしろかった」と言って、とてもいい表情をしてくれました。彼は小学生のときに字を覚え、簡単な文章を書くこともできます。

つたないながら「ことば」を話すことができます。これは、彼が保育所や学校に通う中で、友だちや先生、たくさんの人と接してきたことでよい影響を受けたからでしょう。もちろん、両親が、彼が楽しめることをいろいろ探して、そして一緒に楽しんできたことも良かったのだと思います。

　Ｈさんは、小さいときはいたずら好きで、今でも頑固な一面ももっていますが、とても気持ちの優しい人で、人のことをよく気にかけてくれます。これはコミュニケーションをとる上でとても重要なポイントだと思います。コミュニケーションというのは自分の要求を伝えるだけでなく、人の話をよく聞くこと、それに応えていくことが大事です。人に対して関心をもつことが必要です。「ことば」はコミュニケーションの一手段ですが、すべてではありません。「ことば」の土台にある、人と接したいと思う気持ちや一緒に快適に過ごしたいと思う気持ちがあってはじめて、「ことば」が生きてきます。

Chapter 9

子育てあるある事例の対処法
～「ことば」の育ちから考える

Q1 なぜ、「ゆっくり」「はっきり」「短く」語りかけることが大切なのでしょうか

　大人が、母国語以外の「ことば」を聴くときのことを想像してください。「ことば」を聴いて意味を理解するには、まず、音を聴いて、音の強さ、大きさ、長さなどの区別をして、それから意味をとらえます。複雑な作業を脳の中でおこなっています。乳幼児期は、その聴き取る力が十分に育っていません。ダウン症のある子どもは、注意して聴こうとする聴く力もゆっくりと育っていきます。そのため、"ゆっくり"した「ことば」であれば、聴き取りやすいです。また、"はっきり"いうことで、音の区別を聴き取りやすくなります。

　日本語は、母音と子音からなっています。その区別を無意識に聴き分けて理解しています。さらに、一つひとつの音は前後の音に影響されます。このような複雑な音を聴き取る必要があります。まだ、十分に聴き取る力が育っていない段階では"はっきり"と話すことで聴き取る力を補うことができます。話し手は、"短く"話す癖もつけておくことが大切です。これは子どもが成長してからも有効です。話が長くなると、短期記憶が苦手な子どもは、最初の内容はわからないし、また、わからないことで、後のほうも聴く意欲が薄れてしまいます。短く、繰り返し話してください。子どもは、"聴く構え"を維持しながら、集中することができ、聴き取りやすくなります。

　「ことば」が育っていく過程、特に「ことば」の土台を頑丈に育てている段階では、ジェスチャーは大変有益であると述べてきました。聴く「ことば」を理解しにくくても、ジェスチャーが理解を助けてくれます。よく使われている「手を洗う」を例にあげると、両手でジェスチャーもしながら「手を洗うよ」と子どもに伝えたとき、「手を洗うよ」という「ことば」は一瞬で終わってしまいます。しかし、両手で「手を洗う」というジェスチャーは、ことばが終わっても残っていて、十分に聴き取れなかったとしても理解を助けてくれます。また、ジェスチャーをすることで、視覚的にも情報を伝えることで注目させることができます。

　ジェスチャーの意味がわかってくるということは、理解言語が向上してくるということです。そうなると、子どもも自らジェスチャーを使って"伝えたい気持ち"を伝えるようになります。このようにして、コミュニケーションをすることができるようになります。「ことば」の土台ができ、音声言語が出てくるようになると、必ずジェスチャーはなくなってきます。音声言語だけで伝わっていないと子どもが感じると、しばらく使っていなかったジェスチャーも使いながら自分の「ことば」をそえて、伝えてきます。子どもは、ジェスチャーは、自分の"伝えたい気持ち"を伝える便利な道具であることを知っているのです。決して音声言語が遅れることはなく、むしろ、「ことば」の育ちをうながします。

Q3 こちらからの問いかけに対する反応や応答が 弱いように感じます（1歳男の子）

　ダウン症のある赤ちゃんは、Chapter 4でも述べたように、周囲からの刺激に対する反応や応答がやや弱いです。しかし、成長とともに、伝えたいことがあるとき、さまざまなコミュニケーションを意図的に使うこと、知っている有意語（一語）を使うこと、語用論的能力があることが強みとなってあらわれてきます。つまり、この人に伝えたいと思うと、知っている有意語を何度も言ったり、身ぶり手ぶりをしたりして伝えようとします。また、話し手の伝えたいことが文字どおりの意味をこえて、状況をとらえて話し手の伝えたい意図を理解するようになります。最初は、周囲からの刺激に対する反応の弱さのため、話し手の伝えていることが伝わっているかどうかをわかりにくいことがあります。ただ、反対に子どもから伝えてくることは確実に増えてきています。つまり、「ことば」が確実にはぐくまれています。もっと、この人に伝えたいと思うような、愛着関係を築くことが大切であるということです。また、反応の弱さのため、子どもに伝わっているどうかがかわかりにくいですが、語用論的能力があるのですから、その力を発揮するために、話し手は、子どもを話し手に注目させ、愛情をもって、ていねいに、繰り返し話していくことが重要です。

Q4 声で要求するばかりで、指さしをしません （3歳女の子）

　声で要求をすることは、伝えたい気持ちがあるからです。伝えたい気持ちをどのように表すかは、子どもによって、目線、発声、身ぶり手ぶり、「ことば」といろいろです。伝えたい人の方向を向いて声を出して要求していたら、それで十分コミュニケーションが成立しています。子どもの様子を

よく見て、欲しいものとこちらを交互に見て声を出していたら、あれが欲しいのか、とわかります。しかし、声だけでは、単に来てほしいのか、何かをしてほしいのか、何かが欲しいのかわかりにくいです。

　指さしは、声よりもよりわかりやすいコミュニケーション手段であることは確かです。子どもが養育者に見てほしいものを指さし、この共同注意により、養育者と共感しようとします。音声言語である「ことば」が出る前から、共同注意をします。「ことば」をはぐくんでいく上で、とても重要な行為です。

　指さしを引き出していくことを試みてください。子どもが声を出したときに、推測して、指をさしながら「これ？」と聴いたり、養育者が子どもに話す際には、話題にしているものを指さしたり、と指さしを教えていくことも大切です。指を一本だして指さしができるという運動機能がまだ十分に発達していない場合もあります。手全体を使ったコミュニケーションでもよいです。その子どもの発達のペースに寄り添うことが大切です。

Q5 なんでも「いや」といって応じてくれません（3歳女の子）

　今まで有意語がほとんどなかった子どもが、「いや」と言えるようになるのは、他の有意語よりも早い場合が多いです。「いや」という気持ちをはっきりと伝えることができるのは、とても重要なことです。「いや」と言えるのは、自分がしたいこと、ほしいものを多くの選択肢から、きちんと決定することができている状態です。あるいは、何か違っていて、自分がしたいこととぴったりとこない状態です。自分のイメージする選択肢以外を提示されると「いや」と拒否をします。子ども側には、ちゃんと「いや」の理由がある場合もあるし、まだ、はっきりと理由がわからない場合もあります。いずれにせよ、「いや」の理由、本当はしたいこと、ほしいものは何

なのかを、上手に「ことば」や身ぶり手ぶりで伝えることができず、「いや」になります。自分のイメージする選択肢と違うということを表現できているので、それを糸口に子どもとのコミュニケーションを広げることができ、また、自分がしたいこと、ほしいものをはっきりとイメージさせる機会ととらえることができます。

　すぐに、有意語が増えていくというわけではありません。しかし、自分がしたいこと、ほしいものをイメージできるようになってきているわけです。そのため、生活の中で、そのイメージと子どもの理解言語をしっかりとむすびつけていってください。わかる「ことば」を確実に増やしていくということです。例えば、興味をもってやっていること、指さして伝えてきてくれたことに対して、そのときに「ことば」を添えながら、声をかけたり、一緒に遊んだりしていくことです。話し手の都合で「ことば」をかけるよりも、子どもが興味をもって取り組み、伝えようとしているときのほうが、楽しくコミュニケーションを深めることができます。

Q6 ゴンゴンと頭を床や壁に打ちつけます （4歳男の子）

　頭でゴンゴンするときは、すぐにそばにいって止めさせてあげてください。頭は、とても大切な部分です。"ダメよ"と言うだけよりも、からだごと抱きしめてあげてください。「ダメよ。ダメよ」と言っていると抱きしめるほうも、気持ちが興奮してくるので、「痛いよ。〇〇ちゃん、これしたかったのね」などと、静かなトーンで気持ちを代弁することで、たいていは、落ち着いてくれます。抱きしめてもまだ、ごそごそと暴れたり、泣きわめいたりする場合もありますが、落ち着くまで、しばらく抱きしめながら待ってみてください。肩をとんとんするとよい場合、さするとよい場合、歌を歌うとよい場合など、子どもによっていろいろあります。自分のところに

来てもらおうとして、調子にのってどんどんエスカレートするから放っておくほうがよいという方もたまにいます。はたして、本当にそれでよいでしょうか。心の発達、「ことば」の育ちから考えると、ゴンゴンとアピールしている“伝えたい気持ち”に対して、きちんと応えることでコミュニケーションがはじめて成り立ちます。忙しい毎日の中、ゴンゴンのたびに相手をする時間はないと思うかもしれませんが、1〜2分の少しの間、そのときにそばにいって声かけしながら抱きしめれば、子どもは満足して落ち着く場合が多いです。その繰り返しの中で、代わりの方法（例：こっちに向かって声を出す、近づいてとんとんと足や肩をたたいて合図をするなど）を教えましょう。頭をゴンゴンと打ちつけなくとも、他の方法で気持ちを伝えることができるとわかってきます。自分の気持ちをさまざまな手段で伝えることができるようになれば、ゴンゴンと頭を床や壁に打ちつけることは、徐々に減っていきます。

| Q7 | 聴きとれない「ことば」を聴き返してもよいのでしょうか（4歳男の子） |

　まずは、話してくれたことを受け止めることが重要です。そして、コミュニケーションは双方向性がありますので、聴いていることを伝えることがとても重要です。「何て言った？　もう一回言って」と直接聴き返すよりも、聴きとれたフレーズからコミュニケーションを展開していくことを心がけてください。連絡帳など活用しながら、保育の場を想像して話を広げていくこともできます。例えば、給食の話をしているとき、「かれ……った」と言ったら、「カレーおいしかった。よかったね」「ゼリーもでたね。あまかった？」と、伝えたい内容を代わりに言って、さらに子どもが経験したであ

ろう別のことを聴いて、やり取りを深めていきます。このやり取りの過程が「ことば」を育てていきます。

また、子どもをよく観察し、そして「ことば」をしっかりと聴きとってください。子どもがしている行動、活動にヒントがあるかもしれません。そこからコミュニケーションを展開していくこともできます。

それでも、わからないときは、あいづちを打つことも大切です。聴いてくれていることで満足してくれます。

Q8 できないのに、なんでも自分でしたがります（4歳女の子）

どの子にも、自我の目覚め、自己主張をする時期があります。何に対しても「いやっいやっ」という時期が過ぎて、何でも自分でやらないと気がすまなく、自分はこうしたいとあえて主張する時期です。1〜2歳くらいがイヤイヤ時期であったら、3〜4歳くらいが自我の目覚めといわれています。ダウン症のある子どもは、もう少し始まりが遅くて期間が長いと考えてください。イヤイヤ時期も、「いやっ」と自分の主張をするため、自我の目覚めの始まりとも考えることができます。イヤイヤ時期は、いやっとしたほうが相手にしてもらえるということがわかっているけれども、何をしてほしいかを具体的に主張できないのに対して、自我の目覚めでは、自分と他人との違いがわかりだしてきて、自分がしたいことを主張するようになります。自分と他人との違いがわかりだすことは、他人を思いやることの始まりでもあり、自分の主張を控えて我慢することを学び始める時期とも考えられています。

ダウン症のある子どもは、自己主張をしたいことを心にもっていても、「ことば」で表現することがむずかしく、ときには、それが「いやっ」で表現されることもあります（Q5）。この4歳の女の子のように、この時期に、な

んでも自分でしたがる行動をする子もいます。いずれ過ぎ去ります。見守る側の寛容さがときには必要ですが、よほど危険な場合以外はやってもらい、自信につなげる機会としてもよいのではないでしょうか。「お掃除してくれてありがとう」、「お洗濯たたみをしてくれてありがとう」など、やってくれている行動を「ことば」で示し、自分の行動の意味理解を促すことができます。また、逆行法（p.73）で一緒に手助けし、成功することで、より達成感を得られることができ、かつ、日常の行動を正しく身に着けることができます。

Q9 「ことば」がでてきたのですが、話そうとすると最初が詰まって話しにくそうです（5歳男の子）

　吃音は、ことばを流ちょうに話し始めることがむずかしい、あるいはできない症状の総称です。すべての母国語をもつ人々にほぼ同じ頻度でみられ、幼稚園児で2.4％、小学生では1％程度とされています。ダウン症のある子どもは、それよりも多いとされていて、運動を制御する機能の障害、あるいは発話形成や単語発見などの「ことば」として話す過程に障害があると考えられています。ダウン症のある方の吃音の性質や重症度が、生涯にわたってどのように変化するかどうかは、現在では、まだ、わかっていません。

　ダウン症のある子どもは、小さいうちは、子ども自身がどもっていることを意識していません。お友だちが自分の真似をしてからかっているとき、からかわれていることはなんとなくわかっても、音韻理解が苦手であるため、自分の「ことば」と友だちの「ことば」の違いがわかりにくいです。からかう行為自身が、子どもを傷つけるので、友だちには、この子の話し方なので真似しないように、説明する必要があります。年齢があがり、自分がどもっていることがわかるようになってくると、話すことをいやがら

ないように、ますます話す内容に注目してしっかり聴き応えて、自信をもって自己肯定感を育てていくことが大切です。

　一般的には、吃音の対応として、通常、長く話す場合は途中でさえぎらず、代わりに「ことば」をおぎなわず、言い終わるまでゆったりと待つ態度が望ましいといわれています。ただ、ダウン症のある子どもの場合は、長い文章で話すというよりむしろ、有意語や2、3語文を主体としています。かかわる大人が、最初はさりげなくかぶせて話すことで、その後の単語が出やすくなります。

Q10 子どもと保育所での出来事を一緒に話したいのですが（5歳女の子）

　例えば、先生との連絡帳や給食だより、園だよりなど活用しながら、養育者の方から「○○ちゃんと遊んだね」とか「○○したね」とか「ハンバーグはおいしかった？」とか、短くゆっくりと話しかけることができます。黙っていたり、短い答えしかできなくとも、子どもは養育者が園での出来事を話してくれることで、楽しかった過去の出来事を心にイメージすることができます。また、養育者が、自分のことを聴いてくれていること自体がとても嬉しいことです。これまで、園の話を伝えるということ自体を知らなかった、難しかった子どもも、毎日、このように子どもと園の話をする楽しい時間をつくっていると、自分から連絡帳を取り出して、にこにこしてもってくるようになります。本の読み聴かせのようにです。子どもにとっては、子どもが経験したことをイメージして、楽しかったこと（ときにはいやだったこと）を養育者に知ってもらえる嬉しい機会です。子どもが上手に伝えることができない間は、何したの？　誰と遊んだの？　どこへ行ったの？　などは答えることがとても難しいです。YES / NO（うん／ううん）で答えることができるたずね方がよいです。

Chapter 10

「ことば」をはぐくむ
社会資源

　幼児期にあるダウン症のある子どもの養育者から「ことば」について、相談できるところ、訓練できるところはありませんか、というご相談をよく受けます。出産後から乳児期のあわただしい時期をすぎ、少し安定した生活が送れるようになったころ、子どもとどのようにコミュニケーションを深めたらよいのか、音声言語としての「ことば」の遅れを何とかしたいという思いをもたれるのは、しごく普通のことです。話し「ことば」は、「ことば」の育ちの中の氷山の一角です。繰り返しになりますが、大好きな人に伝えたい気持ちがあり、わかる「ことば」が増え、そして話し「ことば」となり、「ことば」がはぐくまれます。

　乳幼児期は、生活リズムをつけること、遊ぶこと、食べることを中心とした日々の生活を精いっぱい送りながら、「ことば」がはぐくまれます。「ことば」の育ちを理解しながら、少しの工夫があればより良いです。よって、この時期の「ことば」の指導も、遊びを中心としたやり取りになってきます。「『ことば』の相談にいったのに、遊んでばかりでした」とおっしゃる方がいます。「心配しなくても、ちゃんと、遊びを通じた『ことば』の指導を受けてらっしゃいますよ」と、お話しします。言語聴覚士の子どもへのかかわり方、子どもの発信のくみとり方などを大いに参考にできます。家で取り入れることができること、園などでかかわってくださっている先生方に伝えたほうがよいことなど、言語聴覚士からアドバイスをもらうことが大切です。子どもの発達に応じて、個別の言語指導での遊びの内容ややり取りの仕方が変わっていきます。

ダウン症のある子どもが離乳食を始めだしたころ、食べ物が嫌いなわけでもないけど、もぐもぐしていたら口から食べ物が出てくる、舌が出ていて食べ物がうまく口腔内に入らない、口に入れるとすぐに飲み込むなどの訴えがしばしばあります。食事指導、中でもかみ方や飲み込み方などの指導は、「ことば」のspeechの部分、つまり運動機能に関連した指導です。口に入れた食べ物を上手に舌で塊にしながらよくかむ、口を閉じて食べ物や水分を飲み込むなどの摂食指導は、広い意味で「ことば」の指導の一環です。

　子どもの「ことば」の育ちへの応援団は、一人でも多いほうが安心です。一方、「ことば」の指導を受けに行かねばならないというものでもありません。行くことが家族の負担になっては、「ことば」の育ちで一番大事な毎日の子どもとのかかわりが台無しです。「ことば」をはぐくむ社会資源は、さまざまあり、その利用は、子どもや家族の状況に応じて考えていくとよいです。

① 児童発達支援センター・児童発達支援事業所

　児童発達支援センター、児童発達支援事業所ともに、身体や知的、精神に障害のある子どもやその家族に対する支援をおこなうところです。センターは、専門職（医師、看護師、理学療法士、作業療法士、言語聴覚士、栄養士など）が従事していて、より専門的です。児童発達支援に関する地域の中核となる施設で、幼稚園や保育所、こども園等にも助言もおこなっています。児童発達支援事業は、身近な地域における通所の支援施設です。どちらも、手帳の有無を問いません。児童相談所や市町村保健センター、医師などにより発達支援の必要性が認められた子どもが利用します。世帯所得によりますが、ほとんどの利用者の方が利用料の9割を自治体が負担し、1割が自己負担です。児童発達支援センターの多くは、「ことば」の専門家

である言語聴覚士が「ことば」の指導をおこなっています。また、児童発達支援事業は、いわゆる児童デイサービスです。「ことば」を中心とした発達支援をおこなっているところもあります。利用には、養育者等からの給付費支援申請が必要です。手続きを経て受給者証が発行されます。市区町村の児童福祉担当の窓口に問い合わせてください。

❷ 医療機関での言語聴覚療法

　医療機関によっては、小児の言語聴覚療法をおこなっているところがあります。ダウン症のある子どもも対象になります。まずは、医師の診察が必要です。言語聴覚療法が必要であるという判断がなされたら、言語聴覚療法が実施されます。医療保険制度によるもので、医療費の支払いになります。小児を扱っていない、ダウン症のある子どもは対象にしていないなど、医療機関によって方針が異なります。医療機関に直接問い合わせてください。また、保健所や保健センターに医療機関に関する情報を問い合わせることもできます。

❸ 在宅への訪問による言語聴覚療法

　在宅に言語聴覚士が訪問して、言語療法をおこなうリハビリテーションがあります。病院や診療所が実施するリハビリテーションが訪問リハビリテーション、訪問看護ステーションが実施するリハビリテーションが訪問看護です。どちらも医療保険制度によるもので、医療費の支払いになります。このように実施する主体や医療保険の点数の違いがありますが、対象となる子どもに必要な言語聴覚療法が実施されるという点は同じです。普段のくらしの場で子どもがリラックスして言語聴覚療法を受けることができます。サービスを受ける必要性や、言語聴覚療法を利用してからの頻度

や継続の必要性については、子どもの状況を確認しながら、主治医とよく相談して決めることも大切です。訪問による子どもへの言語聴覚療法がどこでおこなわれているかは、かかりつけの医療機関などに問い合わせてください。

❹ 保健センター・保健所

保健センターは、市区町村に設置されていて、身近な保健サービスをおこなっています。一方、保健所は都道府県、政令指定都市、中核都市などに設置されています。広域的でより専門的なサービスを実施しています。保健センターや保健所では行政リハビリ専門職が配置されていて、言語聴覚士が勤務するところもあります。「ことば」の相談ができたり、直接の支援（来所、訪問）をおこなうところもあります。最寄りの保健センターや保健所に問い合わせてください。

❺ 保育所・認定こども園・幼稚園

保育所、認定こども園、幼稚園でのインクルーシブ保育が進んでいます。職員を加配することにより、その子どもにあった直接の支援をおこなったり、他の子どもとのコミュニケーションを円滑にしたりなど、園独自での体制の整備がされています。加えて、発達が気になる子どもに対して専門家による巡回支援や保育所等訪問支援事業などの、外部のサポートもあります。

巡回支援は、「巡回支援専門員整備事業」として市町村が任意でおこなっています。この事業の専門員とは、医師、児童指導員、保育士、臨床心理技術者、作業療法士、言語聴覚士等で、「ことば」の発達も含む発達全般について知識のある方です。専門員が保育所等を巡回して、スタッフや養育

者に助言をおこなっています。

　一方、子どもに直接的に支援することができるのが、保育所等訪問支援事業です。児童発達支援センターや児童発達支援事業と同様、養育者等からの給付費支援申請が必要です。その子どもの一人ひとりにあった専門的支援を、普段生活する集団場面でおこないます。生活全般の支援の中で「ことば」のことも相談できます。通っている園と十分相談の上、利用を検討してください。

⑥ ダウン症のある子どもの家族の会

　ダウン症のある子どもの育ちは一人ひとり異なります。そのため、いろいろな方と出会い、ダウン症のある子どもの育ちを知ることは、子育てにとても参考になります。もちろん、「ことば」をはぐくむヒントもたくさんあります。各地区にダウン症のある子どもの家族の会があります。公益財団法人日本ダウン症協会（JDS）には、各地区の親の会やサークルの情報が掲載されています。最寄りの保健センターや保健所に地域の情報を問い合わせることもできます。

参考文献

Chapter 8
- エリザベス・ダンクマン リーツ『ダウン症のサラ―その成長と発達の記録』白井徳満、白井幸子訳、誠信書房、1996.
- 佐竹恒夫、小寺富子、倉井成子『言語聴覚士のための言語発達遅滞訓練ガイダンス』医学書院、2004.
- デニス・マクガイア、ブライアン・チコイン『ダウン症のある成人に役立つメンタルヘルス・ハンドブック』長谷川知子監訳 清澤紀子訳、遠見書房、2013.
- 長澤正樹『ことばの発達に遅れのある子のための言語指導プログラム111』学苑社、2009.

Chapter 9
- 池田由紀江、菅野敦、橋本創一『新 ダウン症児のことばを育てる―生活と遊びのなかで』福村出版、2010.
- 加茂登志子『PCITから学ぶ子育て』小学館、2020.
- 加茂牧子「構音障害・吃音への対応」小児科、2018;59(6):p.849-854.
- 徳田克己、水野智美『知的障害／発達障害のある子の育て方』講談社、2020.
- 横山浩之『乳幼児の発達からみる保育"気づき"ポイント44』診断と治療社、2014.

● **編著者紹介**

植田紀美子（うえだ　きみこ）
関西大学人間健康学部・人間健康研究科教授、はしもとクリニック副院長
専門：小児臨床遺伝学・公衆衛生学・障害者福祉・母子保健学

● **著者紹介**　＊執筆担当

岡本伸彦（おかもと　のぶひこ）＊chapter1
地方独立行政法人大阪府立病院機構　大阪母子医療センター遺伝診療科主任部長
専門：小児科学・神経遺伝学・臨床遺伝学・先天異常学

楠元里奈（くすもと　りな）＊chapter5-1.2.
堺市子ども相談所　児童心理司

西本裕紀子（にしもと　ゆきこ）＊chapter6-2.
地方独立行政法人大阪府立病院機構大阪母子医療センター
栄養管理室室長（管理栄養士）

吉田くすほみ（よしだ　くすほみ）＊chapter7-1.3.4.
ダウン症研究所　言語聴覚士

濵田浩子（はまだ　ひろこ）＊chapter8
大阪発達総合療育センター　言語聴覚士

ダウン症のある子、赤ちゃんのころから
「ことば」をはぐくむ
─乳幼児期の子育てから─

2023年6月30日　　第1刷発行

編　著／ⓒ植田紀美子

発行者／竹村正治

発行所／株式会社 かもがわ出版
〒602-8119　京都市上京区堀川通出水西入
☎075（432）2868　FAX 075（432）2869
振替　01010-5-12436
イラスト・カバーデザイン　田中律子
印　刷／シナノ書籍印刷株式会社

ISBN978-4-7803-1275-1 C0037　　Printed in Japan